ⓒPanida Iemsirinoppakul, 2015
Simplified Chinese language translation rights
arranged through Chengdu Tongzhou Culture Communication Co.,Ltd.
版贸核渝字(2014)第 212 号

图书在版编目(CIP)数据

可爱巴黎小旅行 /(泰）娃娃著；陈惠玲译. —重庆：重庆出版社，2015.9

书名原文: Paris Guggig Guide

ISBN 978-7-229-09860-5

Ⅰ.①可… Ⅱ.①娃… ②陈… Ⅲ.①旅游指南—巴黎 Ⅳ.① K956.59

中国版本图书馆 CIP 数据核字(2015)第 100340 号

可爱巴黎小旅行
KE'AI BALI XIAOLÜXING

[泰]娃娃 著 陈惠玲 译

出 版 人：罗小卫
责任编辑：钟丽娟
责任校对：何建云
插 图：[泰]妮塔·齐娜莱
装帧设计：重庆出版集团艺术设计有限公司·刘沂鑫

重庆出版集团
重庆出版社 出版

重庆市南岸区南滨路 162 号 1 幢　邮政编码:400061　http://www.cqph.com
重庆出版集团艺术设计有限公司制版
自贡兴华印务有限公司印刷
重庆出版集团图书发行有限公司发行
E-MAIL:fxchu@cqph.com　邮购电话：023-61520646

全国新华书店经销

开本：787mm×1230mm　1/32　印张：6.75　字数：100 千
2015 年 9 月第 1 版　2015 年 9 月第 1 次印刷
ISBN 978-7-229-09860-5

定价：32.00 元

如有印装质量问题，请向本集团图书发行有限公司调换：023-61520678

版权所有　侵权必究

推荐序

听别人说娃娃是"轻旅行女王"时,脑中浮现的画面让我会心一笑,我好像看到一个留着蓬蓬头的女生,双肩挂着一个大背包,手上抱着洋娃娃,一脸稚气地跳上火车的样子。大家之所以叫娃娃为女王,是推崇她在轻旅行这种不受拘束的旅行方式上地位无人能及,对此,我不但不怀疑,还深表赞同。

根据这一年来与娃娃在出版社共事的经验,我超级想以人格担保向大家呼喊:"娃娃的风格是全泰国独一无二、最时尚又可爱的。"娃娃勤奋地、一步一步地、持之以恒地写下一笔又一笔,让每一部作品慢慢成形。娃娃和她的工作小组,在书中每一页里尽情发挥她们的创意,也把Polkadot出版的精神展现得淋漓尽致。

目前Polkadot有各种不同路线及风格的出版品,其中guggig guide系列是我的最爱。guggig,是指可爱又小巧的物品,像是小耳环、帽子、小居家饰品等等,但绝对不是只有可爱而已!跟着娃娃逛她介绍的个性小店,你会发现guggig更是指对每一个小细节的用心!我很欣赏娃娃的专业及鲜明独特的风格,也非常引以为傲。只有她能为旅程增添不凡的魅力，这点可说是无人能及，连我这个一点都不guggig的人，也不知不觉被感染了，跟着她guggig起舞。

娃娃曾说过："guggig的风格绝不只是可爱而已，guggig还是对每一个小细节都很执着及用心。"这句话用来形容娃娃和Polkadot其他工作小组最适合不过了，而这种风格也充分展现在Polkadot的每一部作品上。

巴黎是时尚之都，在我（相信还有很多人）的眼中，应该是和guggig这个词完全不相干的。但我猜，在你拿起这本书时，不只是被人称"浮华之都"的巴黎给吸引而已，可能还受到好奇心驱使，因为你也想知道巴黎是不是可以跟可爱、天真扯上关系，对不对？

现在，相信你一定等不及要翻开这本最新的guggig guide，来寻找答案了吧！

Polkadot 出版社 总编辑 普在·布恩辛素

作者序
如果把巴黎当成情人

　　我想，巴黎可能是个善变的情人，有时对你百般呵护，有时又会使性子且对你爱理不理的。

　　巴黎的难以捉摸及不凡，却不可思议地成为她最迷人的地方。

　　巴黎与我，原本只是点头之交，我们离得远远的、有点距离，可以说感觉上她不是我心目中的理想对象，却是许多人偷偷暗恋、目光追逐的梦中情人。

　　曾有人问我：你信不信缘分？

　　我相信……

　　我相信，这世界上每个人都注定要和某个人相遇、结缘。

　　在茫茫人海，只有你和他望着对方。

　　在我和巴黎第一次视线相接并结识之后，又过了好几个月，我们才有机会相处、聊天、谈笑及打情骂俏……

　　从此以后，我也从原本的路人甲，变成了偷偷暗恋巴黎的"粉丝"

啦！

　　我享受着爱他的时光，我一再地爱上同一个他，却一点也不觉得腻；我知道我的巴黎每个角落里都藏着动人的故事；我知道他不但细心又善解人意，总有许多话题可打开我的话匣子。

　　他有时温柔可人，有时又让人气得牙痒痒的。就在我越来越了解他之后，我也学会知何从他的方式爱着他原本的样子。

　　有时会想，在老天爷的安排下，这场爱情故事会有什么样的结局呢？不管我的他是否也爱我，对于我来说，只要爱过，就值得了。

　　Paris, Je T'aime. 巴黎，我爱你。

CONTENTS 目录

推荐序 /001

作者序　如果把巴黎当成情人 /003

Cathédrale de Notre-Dame 巴黎圣母院 /013
- 在巴黎中心点、古老优美的教堂前，欣赏街头表演

île de la Cité 西堤岛 /019
- 将情人的心锁在巴黎最窄的桥上，爱就是如此孩子气

Metro 地铁 /029
- 巴黎的街头风景很动人，地铁却很……惊心动魄

Le Marais 玛黑区 /035

- 巴黎的名流与同志、特色商店与博物馆的聚集区

Saint Germain des Prés 圣杰曼德佩区 /065
- 从古老教堂逛到名牌精品店，漫步于往日与现代之间

Tour Eiffel 埃菲尔铁塔 /089
● 站在不远不近的地方,拍下巴黎人眼里抹不去的身影

Avenue Champs Élysées 香榭大道 /103
● 不只是名牌胜地,贵妇最爱的下午茶店也在这里

Palais Royal 皇宫 /113
● 代名词是"历史"和"顶级",还有金字塔和蒙娜丽莎

Made in France 法国制造 /133
● 诞生于时尚之都的个性品牌,巴黎时尚年轻人的最爱

Carousels in Paris 巴黎的旋转木马 /139

● 卢浮宫、蒙马特和蓬皮杜中心前骑木马,太梦幻了!

Canel Saint-Martin 圣马丁运河 /145
● 在绿树成荫的河岸旁野餐、喝咖啡、逛设计师小店

La Cocotte 厨艺世界 /157
- 厨艺爱好者必访！和眨着大眼睛的小母鸡一起下厨

Marché aux Puces de la Porte de Vanves
梵维斯跳蚤市场 /169
- 如果说巴黎是流动的飨宴，这里就是流动的博物馆

Montmartre 蒙马特 /175
- 让毕加索和梵高追梦、让艾美丽幻想的地方

Puces de Clignancourt 城北的跳蚤市场 /197
- 二手族尖叫吧！欢迎来到世上最大的跳蚤市场！

Cathédrale de Notre-Dame

巴黎圣母院

在巴黎中心点、古老优美的
教堂前，欣赏街头表演

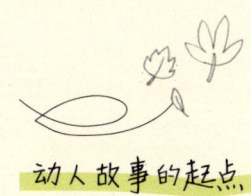

动人故事的起点

  我们从塞纳河的另一边一起走着，慢慢散步到西堤岛（île de la Cité）。我们默默地走着，一直走到庄严的巴黎圣母院（Gathédrale Notre Dame de Paris）前才停下来。这是 座从不曾被游客遗忘的教堂，一座自中古世纪公元 528 年就存在的古老教堂，即使周遭充满了游客的喧闹声，但那受到帝王级完美呵护的优美古建筑，反倒给我们一种宁静又温暖的感觉。

  这里是方圆数公里的市中心的起点，是大巴黎市区的核心，每一分每一寸每一个脚步都从这儿开始，我们的故事也从这里展开……

  我们先把教堂的美留在门后，还不愿打开大门，我们只知道教堂里那精致的哥特式彩绘玻璃装饰，美得难以形容，绝对不输给其他教堂。从重建新教堂来取代倒塌的旧教堂那年开始，这里就一直在维修中。我们眼巴巴地找寻小说中的驼背人，说不定那钟楼怪人暂时放下敲钟的工作，混在人群中和我们擦身而过呢！还有那只传说中的石像怪兽 Gargoyle 也正低头瞧着我们，等着我们和他一起遨游。

016

叽叽咕咕

  在春季到夏季之间，在教堂前的广场，也就是圣母院广场（Place du Parvis–Notre Dame）会有很多表演及活动。不管是白天还是晚上的气氛，我都喜欢。白天里，人们享受着温暖的阳光；到了晚上，路旁的街头音乐人就开始演奏，一些年轻人也会加入表演行列，让路过的行人都忍不住驻足观赏。

  有一天晚上，我们经过这里，正好有一群小伙子在架高的滑板滑道上又翻又跳地秀着特技，过往的游客喝彩声不断，让这座庄严教堂前变得热闹非凡。一个表演结束后马上又接着另一个表演，整个晚上盛情款待着我们。

开放时间：全年无休，每天 08:00—18:45

地铁：
Line 4　　　西堤站(Cité)或圣米歇尔站(Saint–Michel)
Line 1,11　　巴黎市政府站(Hôtel de Ville)
Line 10　　　莫贝尔 - 缪切里铁站(Maubert–Mutualité)或
　　　　　　克鲁尼 - 索邦大学站(Cluny–La Sorbonne)
Line 7,11,14　夏特雷站(Châtelet)

Île de la Cité
西堤岛

将情人的心锁在巴黎最窄的桥上，爱就是如此孩子气

心连心

河中小岛，小乡镇的发源地

如果从地图的最顶端看起，我们可看到塞纳-马恩省河穿过整个巴黎，在河中间可看到两个小岛，分别是西堤岛及圣路易岛（île Saint-Louis）。这里曾是历史上重要的宗教圣地，现在则是每天游客络绎不绝的观光胜地。这里除了有著名的圣母院之外，还有曾关过政治犯的巴黎古监狱（La Conciergerie），这座监狱曾囚禁过玛丽皇后①（Marie Antoinette），因此非常有名。

这两座位于市中心的小岛，环境令人相当喜欢，不管先从岛的哪一头开始逛都可以。在圣路易岛上有数不尽的小店，藏身在各条巷子里，静静地召唤着游客们。每一座桥上通常都有街头艺术家表演，有唱歌的、有乐团演出，还有六十七岁的老先生组成的弦乐团表演，气氛真是温馨、浪漫又可爱。

---

①玛丽皇后：原为奥地利公主，与路易十六成婚后成为法国皇后。法国大革命时法国宣布废除君主制度，在路易十六被处死之后也魂断断头台。

Pont de L'Archevêché 大主教桥
Pont des Arts 艺术桥
让我们心心相系

受到意大利作家费德瑞可·莫恰（Federico Moccia）的作品《爱是如此孩子气》（I Want You）这部小说的影响，让这座被称为巴黎地区最窄的桥满是锁头，都是情人们为了让爱情天长地久而在许愿后锁上的。

不论哪一个国家，都很重视对爱情的信仰，像韩国的情侣们为了表示爱情不渝，也在N首尔塔（N Seoul Tower）的瞭望塔上挂满了成双成对的爱情锁。过了河，在巴黎市区那一头也不输给岛上这边，大主教桥（Pont de L'Archevêché）上也挂满了写上情侣姓名后扣在一起的爱情锁，不知巴黎的情侣从何时开始相信这样的爱情传说，可以确信的是，巴黎市政府对这有点不满，因为会破坏整座古桥及周遭古老建筑的完整景观，所以心一横把所有的锁全给拆掉了（真无法想象那些情侣知道两人的爱情见证已消失时，会多么伤心啊）。就算这样，也阻挡不了人们那强大的爱情信仰，政府刚刚才把锁拆掉，情侣们就马上又把锁扣上了。

还有一座桥也可以让我们体验这样的好气氛，那就是艺术桥（Pont des Arts）。这座桥建于1804年，是巴黎第一座以金属建造的桥，过了桥就是卢浮宫（Musée du Louvre）。桥上有年轻人坐着野餐，也时常有艺术家在这儿展示或表演，绝对少不了的是，整座桥的栏杆也挂满了刻上日期、宣告爱情的爱情锁。

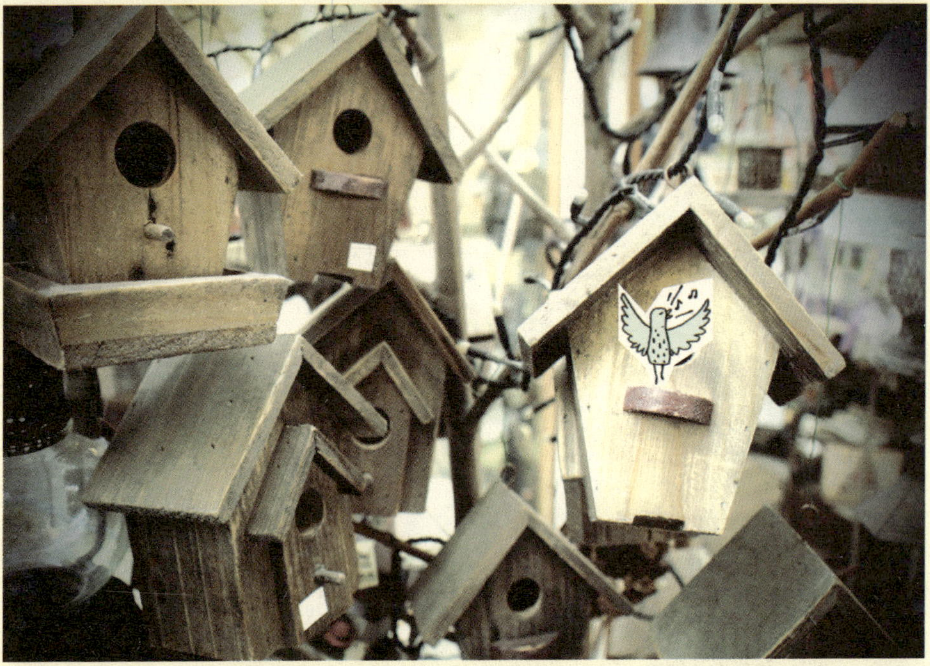

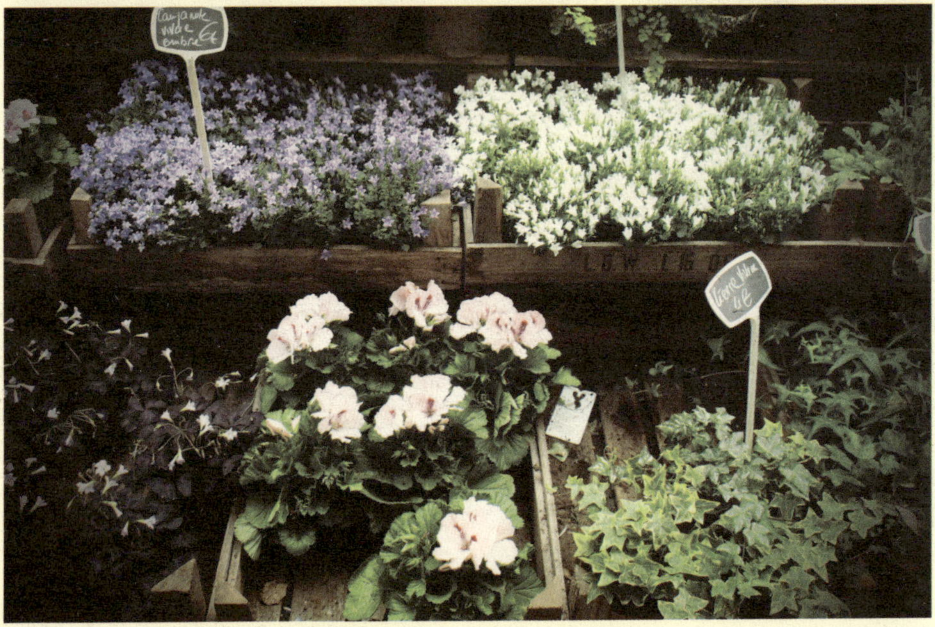

Marché aux Fleurs 花市
花盆和啾啾叫的鸟儿

西堤岛上的小型花市每天都卖花，全年无休。如果你是喜欢花花草草的园艺一族，在这里也可以找到园艺工具。逛过圣母院后，再来这儿走走，可以逛到忘了时间。周日还有人卖鸟，让花市增添另一种乐趣。

地址：Place Louis Lepiné Quai de la Corse 75001 Paris

开放时间：周一——周五 08:30—17:00
　　　　　周四 19:30 关
　　　　　周六 09:00—14:30

地铁：Line 4 西堤站(Cité)

至于别种观光方式，游览巴黎市区还可搭乘Bateaux-mouches公司的大型双层游河船，沿着塞纳-马恩省河，经过各个地标，让我们一次看齐埃菲尔铁塔、凯旋门，以及和美国一样但小一点的自由女神像。我们可看到河的两岸有人们闲坐休憩，如果是在夏天，还会有人脱了衣服做日光浴，就好像把这河边当作海边一样。也有用船改造的度假屋，沿途不时会看到每艘船船顶的甲板上都有客厅，里头乘凉的人都会向我们挥手问好。如果想在船上享用午餐或烛光晚餐，也有相关服务。游船一趟约一个多小时，在接近埃菲尔铁塔的会议港（Port de la Conférence）及拉马桥（Pont de l'Alma）两个地方下船。

Paris on the Beach
巴黎的沙滩奇景

巴黎的夏天缤纷又热闹，欢乐极了。自2002年起，巴黎市长贝特朗·德拉诺埃（Betrand Delanoë）把沙滩搬到城市里来了，让大家在市中心on the beach起来。不只是在塞纳-马恩省河两岸，连巴黎市政厅（Hôtel de Ville）前的广场也囤起沙丘变身成海滩，放上躺椅让大家做日光浴，把露天游泳池造成人工海，让小朋友在上面划船，再架上海滩排球网，这样还不够，还有棕榈树、椰子树来塑造一百分的气氛。城市海滩通常是从7月中旬开始，直到8月中旬结束。

步步惊魂搭地铁

巴黎地铁素以犯罪事件层出不穷而闻名，我们听过各式各样的经历，有直接从实际经历的朋友口中听来的，也有由这儿、那儿、前后左右认识的人和各种渠道听来的。我要特别声明的是，在别人那儿听到时已经觉得够恐怖了，等到自己真正身临其境时，那可是超惊魂的啊！

巴黎地铁仅次于莫斯科地铁，是载客量高居世界第二的地铁，总共有14条以14种颜色代表的路线和300多个地铁站，虽说不是世界上最古老的地铁系统，但是以目前老旧的程度来看，也算是旧到让人想哭哪！

在出发之前，朋友特别替我好好恶补了一番，说是共有3条线特别惊险，分别是第2、第4还有第11号线，原因是这三条路线每一条的终点站都在巴黎市郊，我的活动范围正好都避不开，非搭这三条线路不可，所以我得格外小心。由于我是一个人旅行，万事都不可大意才能保平安。

搭地铁游巴黎既简单又方便，在地图上第1及第2区的观光点大多都有地铁站，地铁图也不会太难懂，对曾经搭过日本地铁的人来说，更是易如反掌。有一张1.7欧元的单程票，也有一日券和一周券，计划好行程，靠地铁来游巴黎，绝对划算。

巴黎地铁的一周券不管是在星期几买的，都是从周一算第一天，如果已接近周末时才买票的话，要买一日券比较划算。如果在一天里上上下下往返个5次的话，也可买10程券，算起来每张的价格大概降到1.3欧元。买票也不难，售票机有英文说明。每一站都可索取地铁图，我非常喜欢袖珍版的地铁图，大小适中不占空间。看到现在会觉得好像一切都很容易，应该可以有一趟欢喜收场的完美之旅，但迎接我们的可是地铁下的真实体验。

接下来让我介绍一下我可爱版的地铁求生守则：

1. 主啊！请赐给我力量！——请让我有力气对付地铁里所有又重又硬邦邦的东西吧！让我从火车的车门说起，目前有好多车厢还是古董级的，车门不会自动开关，除了第1和第14号线是电动的之外，其他都要乘客自助才行，车门两侧都有开关的把手，如果不自己开关门那可就下不了车！重点是，那车门对我们这种亚洲弱女子来说实在是够重的，所以，上下车时得好好集中注意力，火车一靠站马上就使出你全身的力气去拉门把，车门才会为你而开，这样算是过了一关。若碰到有些车门是按键式的，那就可以省下一点力气。

还有一关是车站出口的门，这儿不需插卡出站，只要推开门就可以出去了，问题就出在推开门这件事上。有些车站的门是旧式的（又来了），又硬又重的，光靠一只手拉不够，非得用双手才有办法把门打开。好了，这下总算过了第二关。

2. 就让它吵个够吧！——如果你是容易受到惊吓的人，可得先把自己训练得淡定一点喔！因为地铁里充满了杂七杂八的声音，不把人的声音算进去，就还有火车的声音，以及许许多多的噪音，还要加上折叠椅的声音，这种折叠椅是为尖峰时段人多时准备的，只要坐的人一起身，椅子就会自动弹回原位，那时整个车厢全是这种响声。

3. 绝不可掉以轻心——搭地铁时，最要留意及防范的就是"人"。地铁里死角很多，即使有监控器也不能太放心，如果真的发生意外，警察绝对来不及救你的，千万千万不要落单！如果离你要去的地方最近的出口没有人走动，宁可选远一点的出口出去，再在外头多绕一点路。还有就是大型的地铁站，像是夏特雷（Châtelet）、巴黎北站（Gare du Nord）这两站，可让旅客换车到市郊或英国等邻近国家，所以人潮特别拥挤，骗子、坏人自然也比较多，要小心。但这些大站附近都有警察排班巡逻，让人多了一点点的安全感。

还要特别注意的地方就是，要把包包和贵重的东西看紧，请紧紧夹着它

们，就像那是你的第33个器官一样。我曾亲眼看见别人被小偷扒走包包；至于男士们，歹徒的目标是外套口袋，我有一位叔叔就是这样被偷的。也要小心金光党，我看过有人假装把东西掉在受害者面前，让他停下来，另一人就出现在他身旁下手，我和我旁边的另一个女游客都看傻眼了。另一种情况则是从你的对面走来，在经过你身旁时掏出金戒指或珠宝来问是不是你掉的，可别被他骗了，他会趁你被骗得一愣一愣时偷东西喔！但我相信大部分的人不会上当，因为那金戒指实在假得太夸张了，还真想知道这种蹩脚的招数到底成功过几次啊！

在知道基本求生守则之后，剩下的就是集中注意力，继续我们的巴黎小旅行啦！

出了火车车厢以后，要注意"Sortie"这个标志，那是"出口"的意思，如果那一站有很多个出口，标志上就会同时注明出口的街道名。要转车的人，可注意代表各条路线的彩色圆点及数字，照着标示的牌子走就不会迷路了。

Velib'自行车系统

除了靠双脚徒步游巴黎之外，还可以踩踏板来省点力气，真羡慕那些会骑脚踏车的人。在市内到处都有租脚踏车的地方，大多是设在观光点。租车一点都不难，在巴黎租车不管在哪一个点还车都行，只要是租车服务站就可以了。还能在线买票，有一日票和超过一日的票可选，http://en.velib.paris.fr 这个网站有相关信息。

Beirot

Le Marais
玛黑区

巴黎的名流与同志、特色商店与博物馆的聚集区

老城区、同志及老巴黎

巴黎有很多地区都具有悠久历史，并且有着优美的古老建筑，玛黑区也是。这里可说是专属于巴黎上流社会及老巴黎的一区，法院在这里，皇亲贵族的住所也在这里。有一回，玛黑区差一点就被整个拆除，重建成闪亮的新面貌，还好巴黎人抗议，才及时将这些美丽的建筑保留下来传承给下一代。现在，这一区已成商店、咖啡厅、百货商店、博物馆、教堂等的聚集地。另外，不知道为什么这一区也以同性恋者天地闻名，有同性恋俱乐部及酒吧。一开始我也不觉得有什么异样，等到朋友提醒我，我才顿时发觉……真的呢！还偷瞄到好几对男同志牵着手从我们身旁经过，看起来还挺可爱的哩！

在玛黑区有好几站大站，有圣保罗站（Saint-Paul）、巴黎市政府站（Hôtel de Ville）及朗布托站（Rambuteau），每一站的各个出口都引领我们踏进各条街道，有大、有小、有宽、有窄，每条街都有自己的魅力，而且逛起来一点都不累，还可互相通来通去。

叽叽咕咕第4区

Mélodies Graphiques
能写一手优雅好字的温柔大叔

不知道Eric de Tugny大叔是不是土生土长的法国人或巴黎人。

如果是的话，他还真的是令我们对巴黎人感觉好转的少数人之一。

我遇过许多巴黎人，一个比一个还不友善，要不就毫无笑容，让我有一点恐巴黎人症的征兆。然而，在Mélodies Graphiques这家有如虚拟世界、让我们按下暂停键的文具店里，Eric大叔却带给了我们温暖的微笑。

一走进店里，我们马上就感觉时间好像变慢了。不是因为店面很大需要很多时间逛，而是大大小小每一件精致的东西让人感觉时间停滞了。店里有信纸、信封、祝福卡、传统式橡皮擦、橡皮章、蜡、铅笔及钢笔等，每一件物品都看得出店主的用心，因此我们得花时间慢慢地、细细地品味。像是信纸就有各种不同的材质，可让纸张上的字句呈现出情感来，还有大理石纹的纸(papier à cuve)，没有一张纸的纹路是重复的，最重要的是，每种纹路就只有1张。

我们在Eric大叔的世界里开心逛着，还发现他不但是这家超酷文具店的老板，还是能写一手优美好字的书法家(calligrapher)，他和他的小世界都让我们吃惊。大叔在巴黎书法界还是个名人，他帮人写各式祝福卡片，不但写祝福语，也在结婚卡上写客人的名字。我们在店里一边逛一边不时偷瞄他写字，大叔虽忙着写卡片，脸上却带着微笑，还不忘邀我们看看他自己亲手画的精美昆虫图，在这家店里也有卖。

这家店开店至今已有24年了，大叔的书法作品及画作全都放在这Mélodies Graphiques 里，将每一个角落都塞得满满的。

地址：10 rue du Pont Louis Philippe 75004 Paris

开放时间：周二—周六 11:00—19:00

地铁：Line 1,11 巴黎市政府站(Hôtel de Ville)

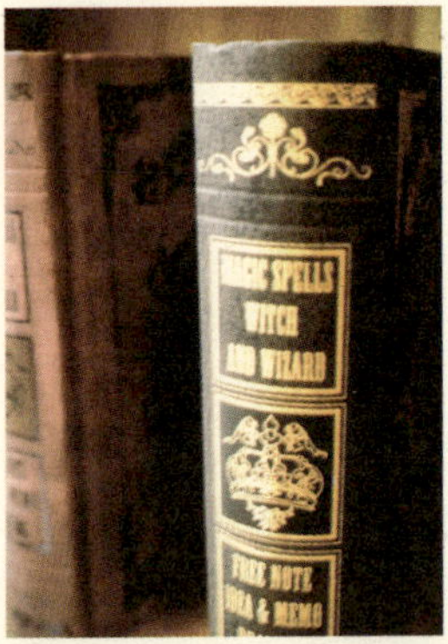
WITCH
AND WIZARD
FREE NOTE

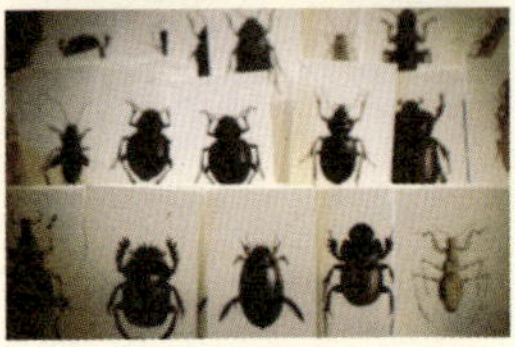

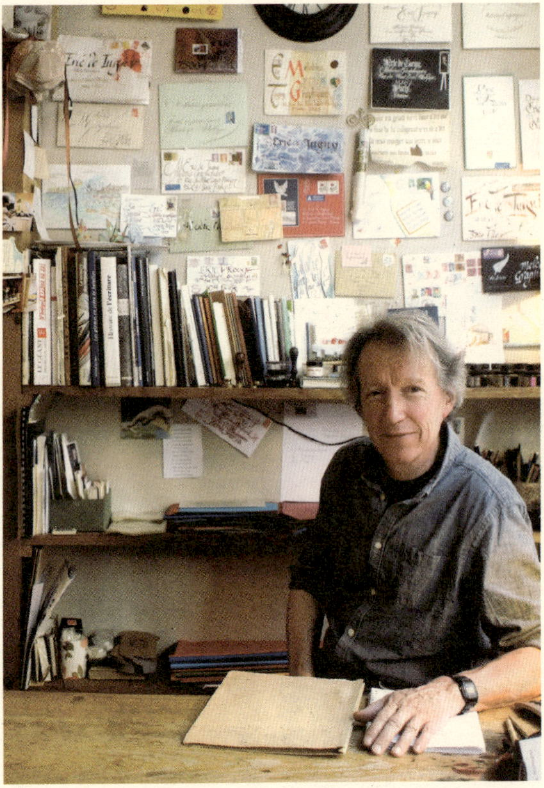

Papier+
色纸大集合

Papier+(Papier plus)这家店感觉好像是个爱搞怪但又稳重认真的人,非常要求完美,但骨子里却爱找乐子。

店里纸的颜色真是超级多,算得上是这家店的主打商品,各种有着美丽色调的纸排列在架子上像是彩虹一样。说她稳重认真,是因为店里的每一件东西好像用尺画过线一样,摆得整整齐齐的,每次拿起一件东西来看,都觉得要好好放回原来的位置才安心。

除了质感佳、颜色鲜丽的纸张外,还有各种大小的布面笔记簿、相簿、记事本、铅笔、盒子、档案夹,每一样东西都可以配成一套,让你的桌子及工作时光漂亮又光鲜。

地址:9 rue du Pont Louis Philippe 75004 Paris

开放时间:周一—周六 12:00—19:00

地铁:Line 1,11 巴黎市政府站(Hôtel de Ville)

Petit Pan
中法混血儿

Petit Pan共有两家店,两家店离得很近,都在玛黑区这一带。

这两家店是Pan和Myriam de Loor这对夫妻共同经营的家族事业。Pan的母亲曾为家族第一个小长孙亲手缝制一件小夹克,而且大老远送来给他们,这就是他们经营儿童用品店的灵感来源。依照中国的传统,家里要是有婴儿诞生,就会挨家挨户地去向全村子报喜,每一家都会回赠一块小碎布,而婴儿的母亲就要亲手将这大大小小的布缝成棉被。这个可爱的故事不但让我们

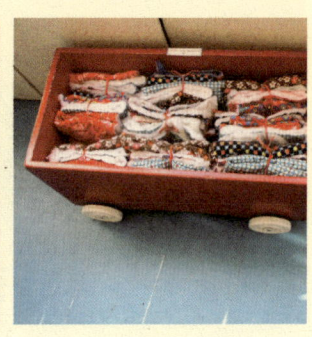

对Pan一家人印象深刻，在知道这家店的由来后，更是感受到那份温暖。

从那个礼物盒及那件小夹克开始，到Petit Pan第一家专卖鲜艳的中国传统印花布制品的儿童用品店，商品都由老板设计，老板将设计风格混搭后，呈现出适合小朋友且趣味十足的漂亮POP艺术风。他们不只想做儿童用品和童装，在开第二家店之前，Pan和Myriam de Loor曾办过小型的儿童手工艺工作坊，让小朋友自己动手做东西。在工作坊上，看到小朋友们天马行空的创意，促使夫妻两人开了另一家Petit Pan，这家分店专卖装饰品，不但有包装纸，也有中国传统风格的布，还有扣子、珠子及大大小小的装饰品，琳琅满目。

以上是受到外婆的小衣服启发的部分，再来看Pan的外公，他是颇有名气的风筝匠，会做巨大的纸糊巨龙风筝，这项传统艺术也直接传承给Petit Pan了。在这里可以看到传统的可爱纸风筝变身成灯饰、风铃及装饰儿童房间的饰品，全都是用做风筝的纸制成的，令人爱不释手，仿填充动物头的壁饰灯更是讨人喜爱，这里的小东西都cute到让我们都想返老还童一下啦！

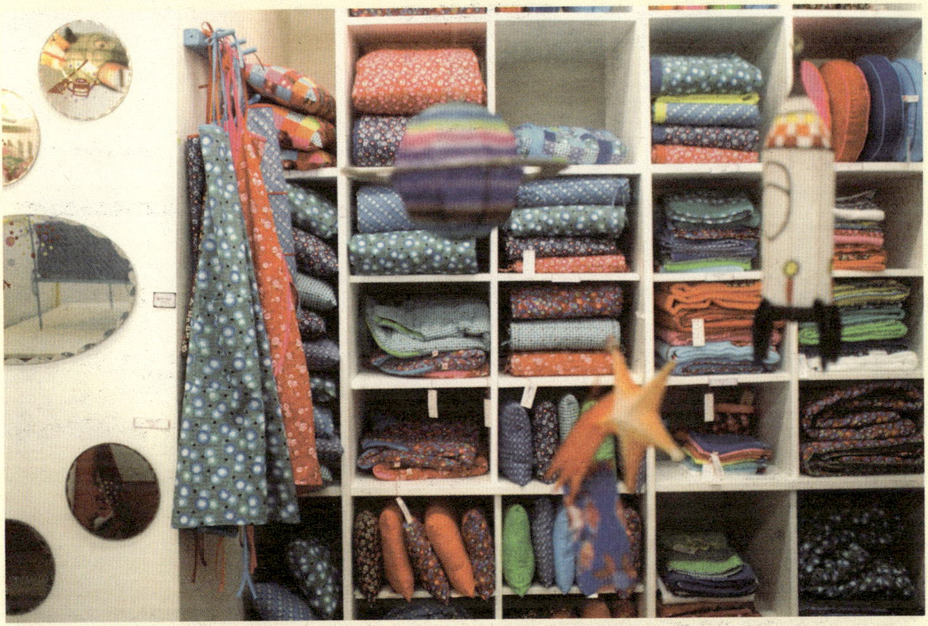

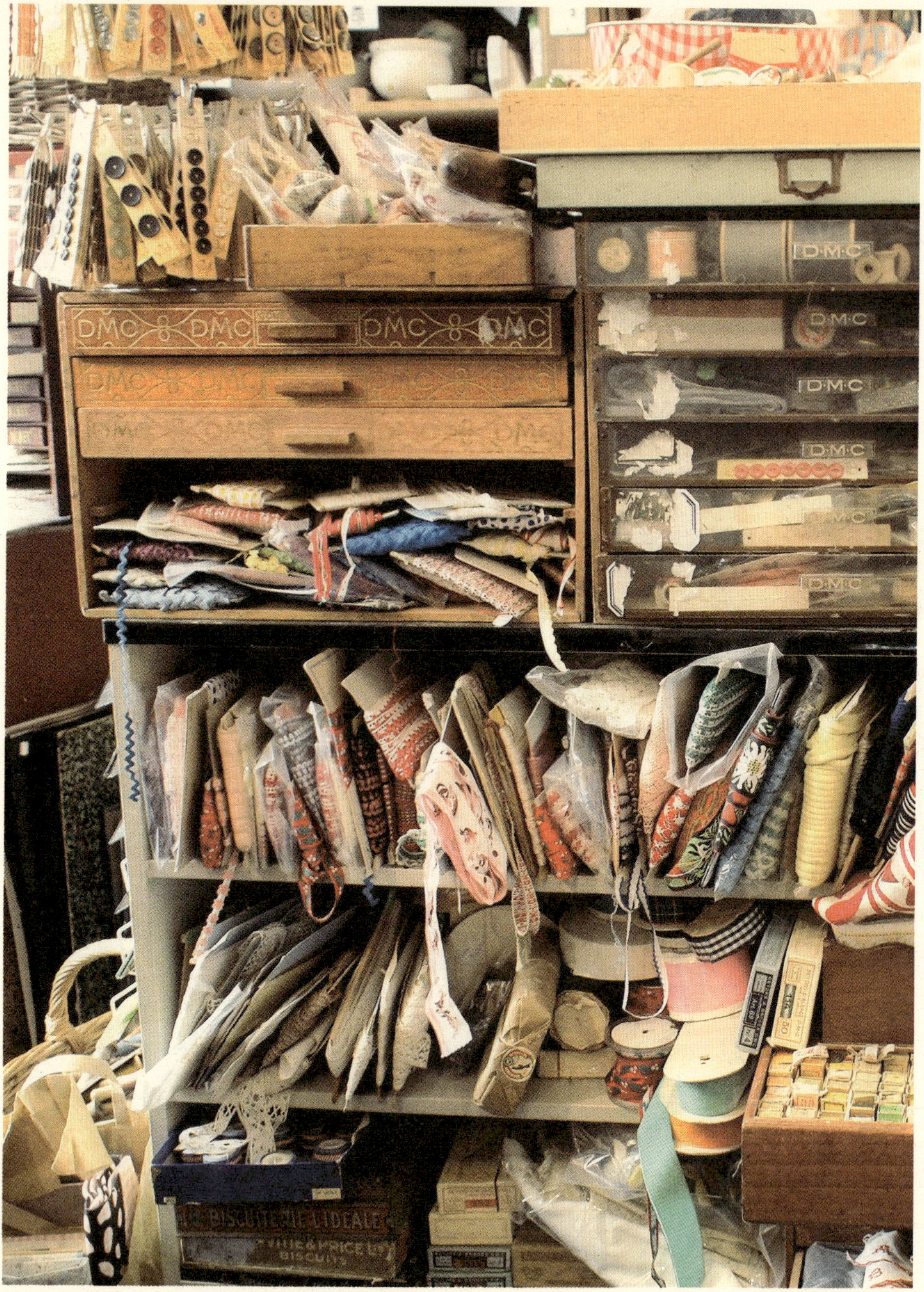
DMC
D·M·C
BISCUITERIE L'IDEALE
BISCUITS

寻找小快乐的机会
Au Petit Bonheur La Chance
乘着咖啡杯时光机寻找小快乐

　　这又是一家巴黎有名的古董店。

　　这家店之所以知名，是因为它的身影曾出现在多个国家、不同出版社的旅游指南封面，在众多老店中，这家店一直持续汰换商品，永远有宝物等着你去挖掘。尽管来到这家店门前，还没进去呢，就已经感受到它的可爱了。站在外头透过玻璃窗上的标示贴纸，就可以直接看到店里陈列的复古商品。一走进店内，首先映入眼帘的是法国乡村风的麻纱布料区，有亚麻，也有手工绣花的纯棉布，有可以买回家自行裁剪的布料，也有已缝制好的桌巾和餐垫。

　　接下来这一区可说是这家店的明星商品区——复古风格的厨具及餐具陈列架，架上放满了我们所熟知的拿铁碗（café au lait bowls），是一种又像碗又像杯子的古典容器，每一个拿铁碗的手绘花纹都美极了，让你不禁对这种造型特殊的碗着了迷。就是这个角落登上了各本书的封面。对了！这些碗搭配上每一层木架边缘悬挂的铁制号码牌，真是恰到好处。

　　走过放杯子、瓷制茶壶、铁制收藏盒的陈列架，以及墙上各式各样的锅碗瓢盆后，就来到了文具区。这一区真有点以前学校福利社的气氛，有好多好多小时候使用的文具，像是作业簿、尺、迷你小黑板、铅笔、圆规和地图等。不同角落散置着不同的物品，有探索家用的望远镜和指南针、五金工具区、手工艺品区，特别是那用小木轴缠着的复古风手缝线，给人一股特别温馨的怀旧感。

　　Au Petit Bonheur La Chance不是一家普通的商店，它像是一间艺廊，借着日常生活用品细诉着让人怀念的过往风情。我在店里的时候遇到了一对祖孙，老奶奶指着店里的照片和小东西，对小孙子如数家珍地聊着过去和现在。当这位老奶奶一发现好东西,就会转身把那看起来有点调皮、鬼灵精的小孙子叫到身边,把有关这件东西的事情巨细靡遗地讲给他听,把那些珍贵的回忆传承给他。

那股怀旧的氛围和那保存着岁月的蛛丝马迹,吸引着我,让我移不开视线,似乎把我催眠成那小孙子,让我跟着小孙子一样搭上了咖啡杯时光机,回到过去老奶奶的年代。

地址:21 rue Saint-Paul 75004 Paris

地铁:Line 1,至保罗站(Saint-Paul)

拿铁碗
Café au lait bowls

一种像碗又像杯子的容器,不像常见的杯子这么小,也没汤碗那么大,还有装咖啡、装汤和装水三合一的功能。

Café au lait如果照字面翻译的话,应该叫热咖啡加牛奶,也就是我们说的"拿铁"。一般巴黎人喝咖啡都习惯用小杯子,如果是喝热巧克力或拿铁的话,就没有什么杯子或容器比拿铁碗更合适的了。传统又保留原味的款式,应该是上了釉的瓷器,底部是有稍微高一点的杯脚,杯面有美丽的手绘花纹,展现着可爱又guggig的古典风格。据说用拿铁碗来喝咖啡或热巧克力,那风味是用一般杯子比不上的,因为拿铁碗的碗口比较宽,让人在捧着喝的时候,也能整个沉浸在咖啡或热巧克力香醇的气味里。

045

EW
旧情绵绵

　　EW是一点也不输给Au Petit Bonheur La Chance（见P43）的一家店，两家店距离很近，只是EW店面比较小。老板Eduardo Weckly多半会在店里，店名EW就是他的姓名缩写。

　　店里的复古风格商品与Au Petit Bonheur La Chance大同小异，只是EW比较走少女甜美浪漫路线，商品摆得琳琅满目却乱中有序，整家店都是复古的粉彩色系，老板还在店门口种了各种颜色的花，看得少女心都融化啦！

地址:21 rue Saint-Paul 75004 Paris

地铁:Line 1,Saint-Paul(圣保罗站)

Au fil d'Élise/Francine Dentelles
用古典蕾丝装饰幸福

这两家小小的古典蕾丝店位于街角两边，算是邻居，看起来好像贩卖的商品很类似，其实还是有着微妙的不同。Au fil d'Élise店面素素的、柔柔的，正好可搭配店里卖的结婚礼服、洋装、衬裙，以及成套的抹布、餐巾、桌巾和寝具，甚至还有量身订做的衣服，当然是以古典蕾丝为主。

Francine Dentelles则主打结婚礼服，以及有点奥黛丽·赫本味道的古典风首饰配件。店面有点乱，但就是叫人忍不住想到里面翻一翻。还有小女孩穿的小洋装，可爱甜美到极点。这家店还有另一家分店在克里古浓(Clignancourt)喔！

地址：2 rue de l'Avé-Maria 75004 Paris

地铁：Line 1, 圣保罗站(Saint-Paul)

圣保罗村
Village Saint-Paul

我私底下叫这个地方为"寂静却不寂寞的古趣小镇"。

从Au Petit Bonheur La Chance这家店走到底，就是圣保罗村(Village Saint-Paul)。沿路有好几个入口，有时逛着逛着就会不知不觉走进小镇里了。小镇里满是古董专卖店，共有200多家，可以找到从中古世纪遗留下来的古物，也能看到Retro复古年代的东西，从家具饰品到画作甚至连珠宝首饰都有。我们去的那天，整个小镇安静得不得了，静到仿佛可以听到自己踩在旧石板地上的每一个脚步声。如果不想被人打扰、想专心挑选东西的话，建议你最好在周一到周五来逛。

Place des Vosges
孚日广场

这里是巴黎最古老的广场,以前叫作"皇家广场"(Place Royale)。四周有街道包围着,中间是休闲花园,周遭是哥特式的建筑,还保留着红砖散发出的古典气息,岁月带着那爬藤铺满了整面墙,显得绿意盎然。路边环绕着广场的树木,将宁静的气氛守护在里头,无论你的心情有多么烦躁,这里的气氛绝对能帮助你沉淀下来。在夏天阳光普照的时候,这里是巴黎人的露天休闲床,广场外围有许多艺廊、咖啡座及餐厅。

逛完这儿,顺道去探访一下第6号宅吧!这里原是创作《悲惨世界》(*Les Misérables*)的作家雨果(Victor Hugo)的故居,现在已改为小小的博物馆开放给大家参观了。

地址:Village Saint-Paul 13 rue Saint-Paul 75004 Paris

地铁:Line 1,圣保罗站(Saint-Paul)

049

050

Free 'P' Star
二手名人

这间店位于布列塔尼圣十字街（Rue Sainte-Croix de la Bretonnerie），专卖复古风服饰，据说苏菲亚·柯波拉（Sofia Coppola）①接受访问时曾提到，这是她最爱逛的店之一。虽然我很喜欢苏菲亚的个人风格，却不是为了能遇到这位导演大姐，而专程跑到这儿来的喔！老实说，心里还是有一点期盼，希望能碰上明星之类的，像是蜘蛛女克丝汀·邓斯特（Kirsten Dunst）。这家复古服饰店也是她的最爱之一，名人就挤在你身旁翻找二手衣好货，你可能都没发现呢！这家又窄又小、堆满各式各样各年代二手衣的店，真是挤到爆了。

我之所以说挤到爆，是因为店里塞满了人又塞满了东西，除此之外，还有一座隐藏式楼梯可以通到地下室，下面的气氛很像防空洞，不过是每个人都想躲进去的防空洞喔！因为衣架上挂满了洋装、裙子、裤子等，不但有女装也有男装，而且是一般人负担得起的价格，不会贵到吓人。我挤不过别人，只好站在店门口等到人少一点再进去，别怕没人陪你，因为和你一样站在门口等的人有一堆。

还不够过瘾的话，Free 'P' Star 还有两家分店，分别在玻璃街（Rue de la Verrerie）和里沃利路（Rue de Rivoli），从这儿走过去不算远，人也一样很多。在这3家分店里，我还是最喜欢位于布列塔尼圣十字街的这家。

地址：8 rue Sainte-Croix de la Bretonnerie

开放时间：周一—周日 11:00—21:00，周日 12:00 开始营业

地铁：Line 11 朗布托站（Rambuteau），Line 1,11 市政府站（Hôtel de Ville）

---

① 苏菲亚·柯波拉（Sofia Coppola）：美国新生代导演，父亲是执导《教父》的名导演弗朗西斯·柯波拉（Francis Ford Coppola）。

在Free'P'Star附近，沿着曲折的小巷转来转去，还可找到好几家复古风服饰店。Vintage Desire的商品比较偏街头风，店里的皮包及复古鞋也很出名，如果你是挖宝专家，想在挖掘中找到乐趣的话，这里最适合不过了。

喜爱Yukiko这个牌子的女士们，注意啦！这家可是好几家杂志和网站强力推荐的名店呦！店面装潢简单，陈列也很清楚易找，商品看起来十分诱人。那天我很幸运地正好见到Yukiko本人，她是一位沉醉于复古风格时尚及物品的日本女孩，店里特选了各个年代不同名牌的饰品、皮包、鞋子，包括Hermès、Gucci、Dior等牌子，尤其是Chanel的商品保养得特别好，每一只皮包看起来都还很新颖。另外，她还自己设计服装和家具，和店里的复古商品搭配，一起勾引着你进门。

Vintage Desire:32 rue des Rosiers 75004 Paris

开放时间：周一——周日 11:00—21:00

Yukiko: 97 rue Vieille du Temple 75003 Paris

开放时间：周一——周六 11:00—19:00

BHV: 52 rue de Rivoli 75004 Paris

开放时间：周一——周六 09:30—19:30，周三 21:00 关，周六 20:00 关

地铁：Line 1 市政府站(Hôtel de Ville)

BHV
巴黎人方便的好邻居

　　BHV或称Bazar de l'Hôtel de Ville(巴黎市府广场)是一直以来都与巴黎市政府（Hôtel de Ville）相伴的一家百货公司，这家百货公司以前走高级贵族风格，后来转型为平民生活风格，有点像泰国的中央百货广场，随时想去逛逛都可以，里头有许多部门，应有尽有，满足你各式各样的需求。BHV有个很有特色的部门就是家居DIY部门，好像是把日本的台隆手创馆(Tokyo Hands)和B&Q特力屋加在一起的样子。真想让大家知道这里多么有意思，我超级喜欢到这里看看门把、锁头、桌脚等家居用品。我的朋友还真被我搞糊涂了，千里迢迢来到巴黎竟然来看这些东西，还看得津津有味，或许这就是我个人guggig houseware风格的特殊喜好吧！

　　我觉得到有家居生活气氛的百货公司逛逛，借由里头生活上真正用得到的商品，无论是厨房用品、文具、寝具或书报杂志，都能让我们学习并体验到当地人的真实生活，让我们知道当地流行什么，什么是大家抢购的东西，哪一种设计才是当地人钟爱的风格，这些都可以让我们更加了解当地人的文化。

　　BHV也依据客人的消费习惯及风格来区隔卖场，流行服饰在同一楼，家居用品在另一楼层，手工艺品及DIY又在另一个楼层，你可以轻易找到想要的东西。不仅如此，在另一栋紧连着的大楼，还专为客人心爱的宠物开辟了宠物百货区，逛的人也不比买人类用品的百货公司少喔！

Hôtel de Ville
巴黎市政府

　　这是一栋新文艺复兴风格的大型建筑(neo-renaissance house)，曾在巴士底狱事件时遭民众纵火烧毁，在那之前一直是中央政府所在地。整栋建筑又大又宽，在夏季时节，建筑前的广场会变成巴黎另一个人造沙滩，还会架上球网，让大家玩沙滩排球，而背景就是气派的市政厅。

Centre Georges Pompidou 蓬皮杜中心
裸露的艺术中心

　　这座创意艺术中心是依照法国总统乔治·蓬皮杜(Georges Pompidou)的愿景打造的，综合了博物馆、图书馆，以及可举办音乐会及电影展的空间。总统先生希望巴黎市能有一个文化的聚集点，除了有不同年代不同世纪的艺术品轮番展览之外，这栋建筑本身就是一件艺术品。此中心在1977年落成，自从它以耀眼的姿态呈现在人们面前，就一直话题不断。

　　此中心的设计概念为"Inside Out"，也就是把本来应该隐藏起来的管线全都暴露出来，让大家看个一清二楚，而且还漆上红与蓝两种基本色，让这栋建筑显得与众不同，令人马上联想到彼埃·蒙德里安 (Piet Mondrian)的艺术创作《红蓝黄构图》(*Composition with Yellow, Blue, and Red*)，以基本色创造出时尚而现代的不朽美感。

中心前的草原广场也很广阔，旅客可以或坐或躺地放松休憩，有时这里也用来作为新产品发表会的场地，背景就是那很像工业区厂房的蓬皮杜中心。

地址：Place Georges Pompidou 75004 Paris

开放时间：除周二休馆外，每天开放 11:00—22:00

地铁：Line 11 朗布托站(Rambuteau) 或
夏特雷·雷阿尔站(Line Châtelet Les Halles)

毕加索博物馆
Musée Picasso

在玛黑区(Le Marais)这一带充满了商店、咖啡厅和公园，让人可以待上一整天，如果用一天还没踏遍每个角落的话，可以再补个第二回合，除此之外，这儿还有大大小小的博物馆值得一逛。

位于这一带的毕加索博物馆是我想逛的博物馆之一，集合了毕加索自1894年以来的作品，也展示了他的生平事迹。可惜博物馆没有打开大门迎接我们，因为它关闭整修到2012年才重新开放。在这之前去的人，应该都像我们一样吃闭门羹了。

走在毕加索博物馆这一带，很容易不知不觉就走进第3区了，因为两区的气氛很相近。这一区的巷道也是弯弯绕绕的，走着走着就会遇到几间聚在一起的商店。这儿比第4区热闹一点，在这儿逛的乐趣就在于好像寻宝一样，无意间就遇到一间坐满客人的咖啡厅，但是从咖啡厅里望出去，四周却只有寂静无声的房子，其他什么都没有，可说是既矛盾又协调。

056

叽叽咕咕第3区

Bonton
让大人也着迷的儿童世界

　　我到现在都还不确定这家店里的东西到底是为儿童制作的，还是专为童心未泯的大人们设计的，但我知道，只要一进儿童用品专卖店，我的眼睛就会闪闪发光，尤其是来到Bonton这家复合店，这是一家专门培养小孩长大后成为复古风爱好者的店。

　　Bonton和Bonpoint（见P78页）皆属同一家企业，所以一点也不意外店内陈列与商品设计如此品味超凡、可爱至极，这很可能是遗传自他的父母亲，他身上也有着同样的基因。店里除了有0岁至12岁的儿童服饰之外，还有家具及许许多多可以吸引诱惑你的小物。

　　这间Bonton的美感来自于以色调区格商品，色彩丰富就是Bonton的注册商标，他们花了很多心思调配新色系，再把新色系应用在儿童服饰及用品的设计上。不同年龄层有专属的可爱配件搭配成一系列，当然每一件配件都很漂亮，连跳绳也可爱得令人爱不释手。

　　这间Bonton共有三层楼且分成不同区，有玩具区、日常用品区、儿童房的装潢用品区与儿童图书特区。在儿童图书特区可以找到有着美丽插画的童话书，还有咖啡座，也会举办一场又一场的小小儿童工作坊。我特别喜欢这一区里的拍立得拍照箱，店里还贴心准备了一整篮的道具，让全家人可以穿戴着拍照。

　　在Bonton的儿童世界里真的玩得很开心，但是怎么我一眼望去看到的全都是大人哩？嘻嘻！

地址：5 Boulevard des Filles du Calvaire 75003 Paris

开放时间：周一—周六 10:00—19:00

地铁：Line 8 至·塞巴斯蒂安·佛萨荷站 (Saint Sébastien Froissart)

Merci
感谢世界创造了你

　　Merci是我记得非常清楚的一个基本法文单词，因为这个字很简单而且要常常说，它就是"谢谢"的意思。

　　对于Merci这个地方，我也想说声谢谢，谢谢有人设计出这样的好地方。

　　把这里取名为Merci，这个idea很简单也很有意义——想要感谢每个人、感谢生命，以及感谢我们有机会回馈社会，这里卖东西的收入有一部分会捐给慈善机构，帮助马达加斯加岛这个世界上最穷的国家之一的弱势妇女及儿童。

　　这是一间充满创意的设计商店，我很喜欢这里的商品陈列及分类，它把二手书咖啡馆(Used book café Merci)设在路边，等着迎接人们进入。走进去之后，发现里面好像隧道一样，尽头会有阳光洒下来。在还没进入Merci这个像仓库般堆满设计商品的王国之前，会有大多是分批轮流展示的红色菲亚特复古车欢迎你。这座王国里有所有关于衣食住行的生活用品，还有Merci的自有品牌服饰，一些知名设计师也来共襄盛举，推出了特别系列以表达心中的感谢，例如：Yves Saint Laurent、Stella McCartney，价格比外面其他的店便宜一点。

　　在家居饰品区可找到大量的瓷器，风格简约大方又漂亮，还有居家用的布制品，像是床单、枕头套（没有蚊帐喔）和香精区，所有商品都是绿色制品，不会危害环境；想买花有花店，想吃饭可到楼下的有机食品餐厅。在感谢了半天之后，想找个地方歇歇脚的话，也可以到Used book cafe Merci坐坐。店里的气氛非常宁静，而且有整面墙的书供你自由挑选、慢慢翻阅，有小说、散文、文学作品及室内设计装潢的相关书籍，看过后如果喜欢的话可以直接买回家。至于想让眼睛休息休息的人，我推荐你到二楼去，往外面望去，可看到一整片的绿色花园，漂亮到让你忍不住想一谢再谢。

叽叽咕咕

更让我兴奋的是在深入了解Merci之后，才发现原来Marie-France及Bernard Cohen两夫妇不但创立了Bonpoint，同时也是Merci的创办人。这对夫妇从事时尚及生活设计业已久，两人的下一代也追随父母的脚步。他们不仅设计风格绝佳、概念实在，还用心以自己经营的事业为媒介来回馈社会、慷慨助人。当然，这其中也需要有客户欣赏与支持他们的创意，就好像是个美好又华丽的圆圈，这个圈圈将愉悦和幸福感撒播给更多人，也帮助我们的地球更适合居住。

Nanashi
便当盒概念的套餐

让我把这儿叫作食堂吧！

这里好像是专为设计师及时尚达人所设的食堂，摆着长长的餐桌，风格简约，菜单全写在大大的黑板上，是个装了透明玻璃的食堂，让我们可边用餐边望着外面沉思。这家店的concept是巴黎风×和风的便当盒，而且菜单是著名养生膳食大厨设计的，每个便当盒配色鲜艳，有生菜色拉的绿色、胡萝卜的橘色及米饭的深红色，带了一点有机餐饮的感觉。如果你是肉食主义者的话，可能会觉得不怎么对味，想直接就跳到吃点心也行喔！这里的奶酪蛋糕名气不小呢！

我呢，则喜欢餐厅前那一区，像个迷你超市似的，卖些天然原料及含天然成分的商品，有一种居家的亲切感。不晓得是不是我自己的感觉，我觉得这儿似乎专挑质量好且包装有设计感的东西来卖哩！

地址：57 rue Charlot 75003 Paris

开放时间：周二、周三及周日 11:00—18:00，周四—周六 11:00—24:00

地铁：Line 8 菲尤·杜·卡维尔站 (Filles du Calvaire)

Yellow Korner
上镜的摄影之家

这里专门展售世界各地摄影师的作品，在巴黎、欧洲甚至美国有多家分店。这里的摄影作品风格多元，供不同品味的爱好者选购以装饰美化住家。这家分店让我留下深刻印象的原因是它本身的建筑十分优美。从街上望去，入口处好像一个小小的隧道，门口贴着写上店名的牌子，走进入口，会发现自己被爬满绿藤的古老建筑环绕着。下午时分，当阳光洒在满墙的绿叶上时，会让人犹如置身童话情景。当然，这样的景致少不了要用相机记录下来，拍下漂亮的照片。这得谢谢Yellow Korner先生选了这个既适合展示照片又适合拍照的好地点。

地址：8 rue des Francs-Bourgeois 75003 Paris

开放时间：周一—周六 11:00—20:00，周日 13:00—20:00

地铁：Line 1 圣保罗站 (Saint-Paul) 及 Line 8 谢芒·维特站 (Chemin Vert)

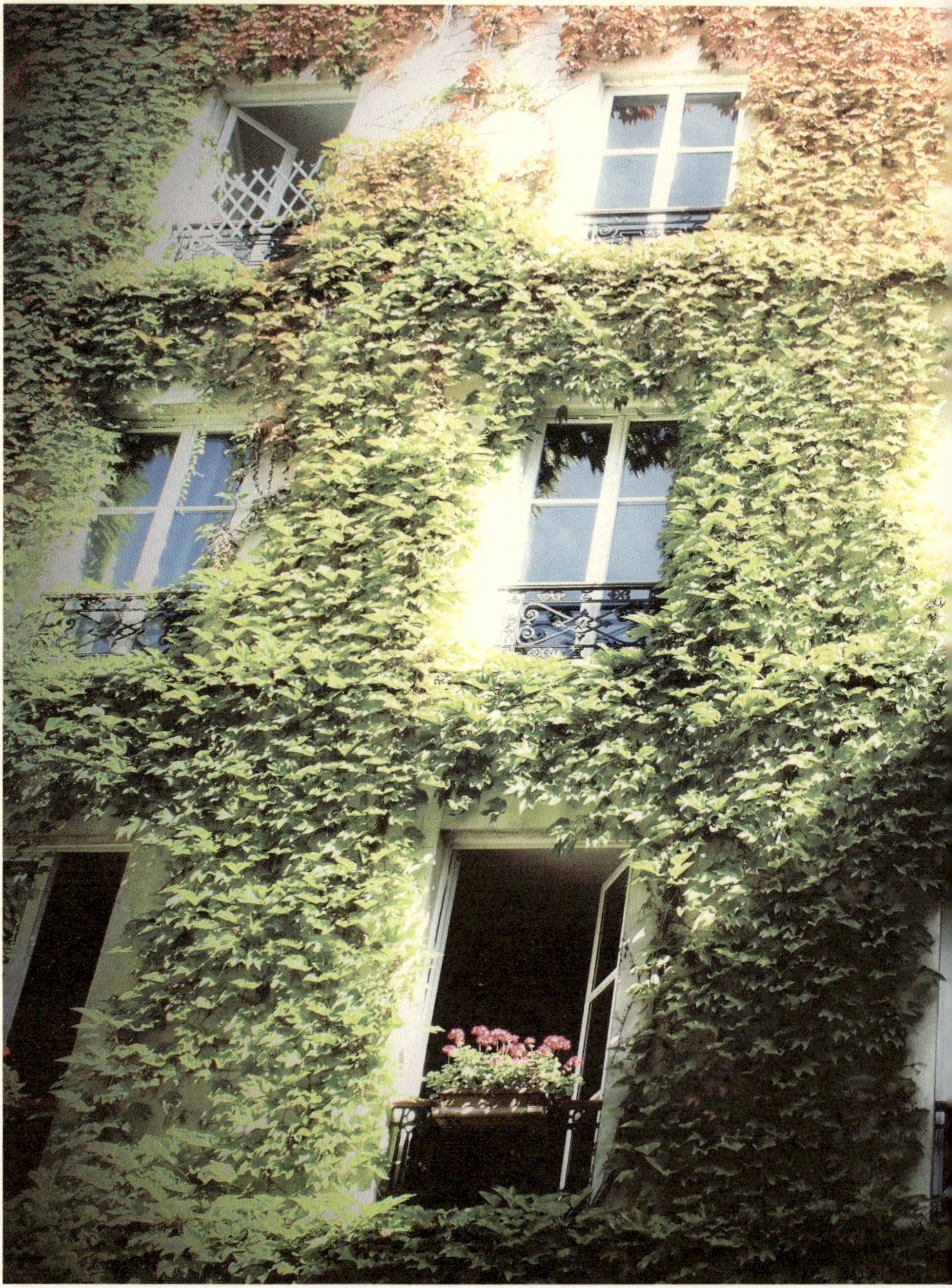

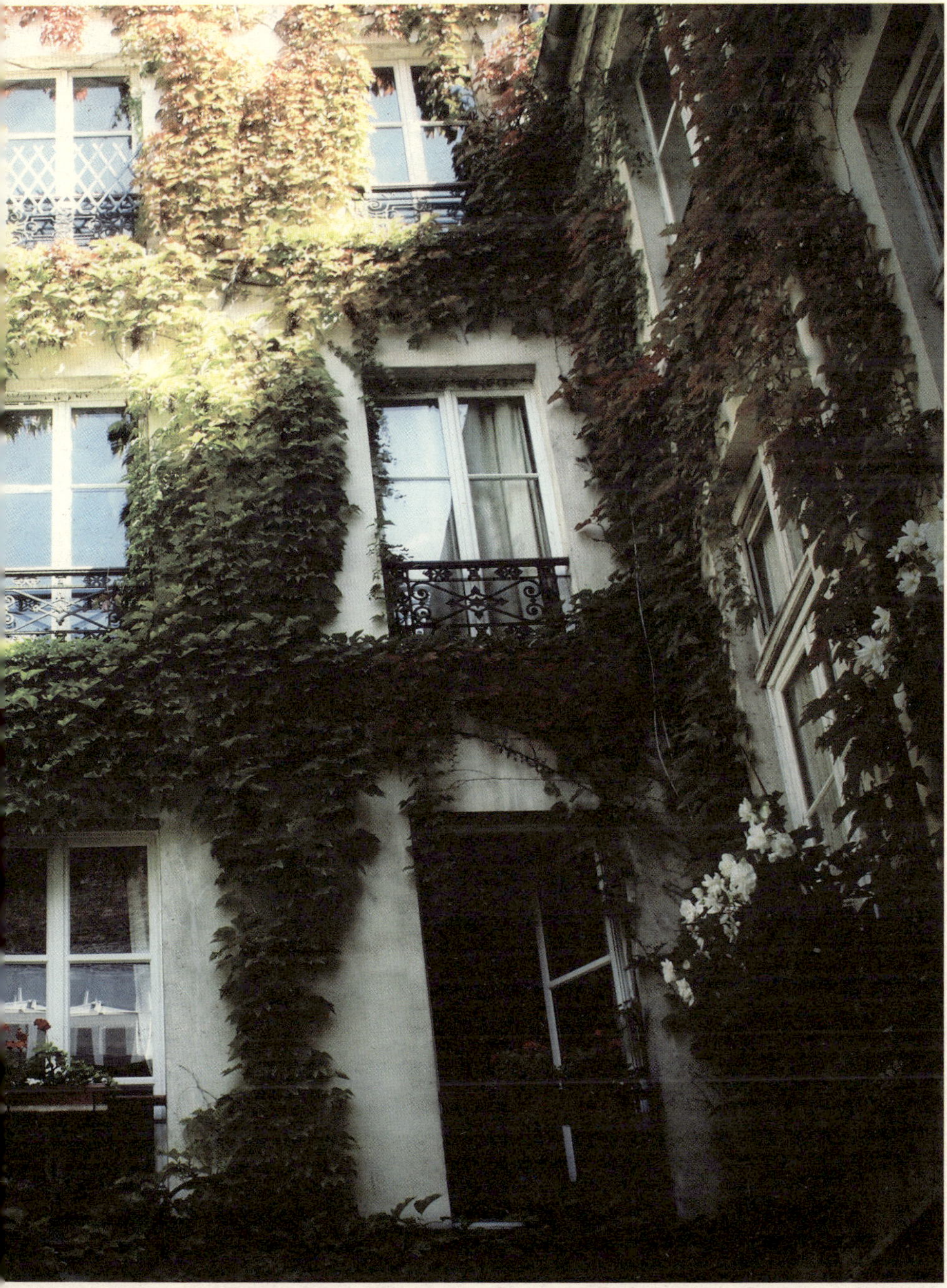

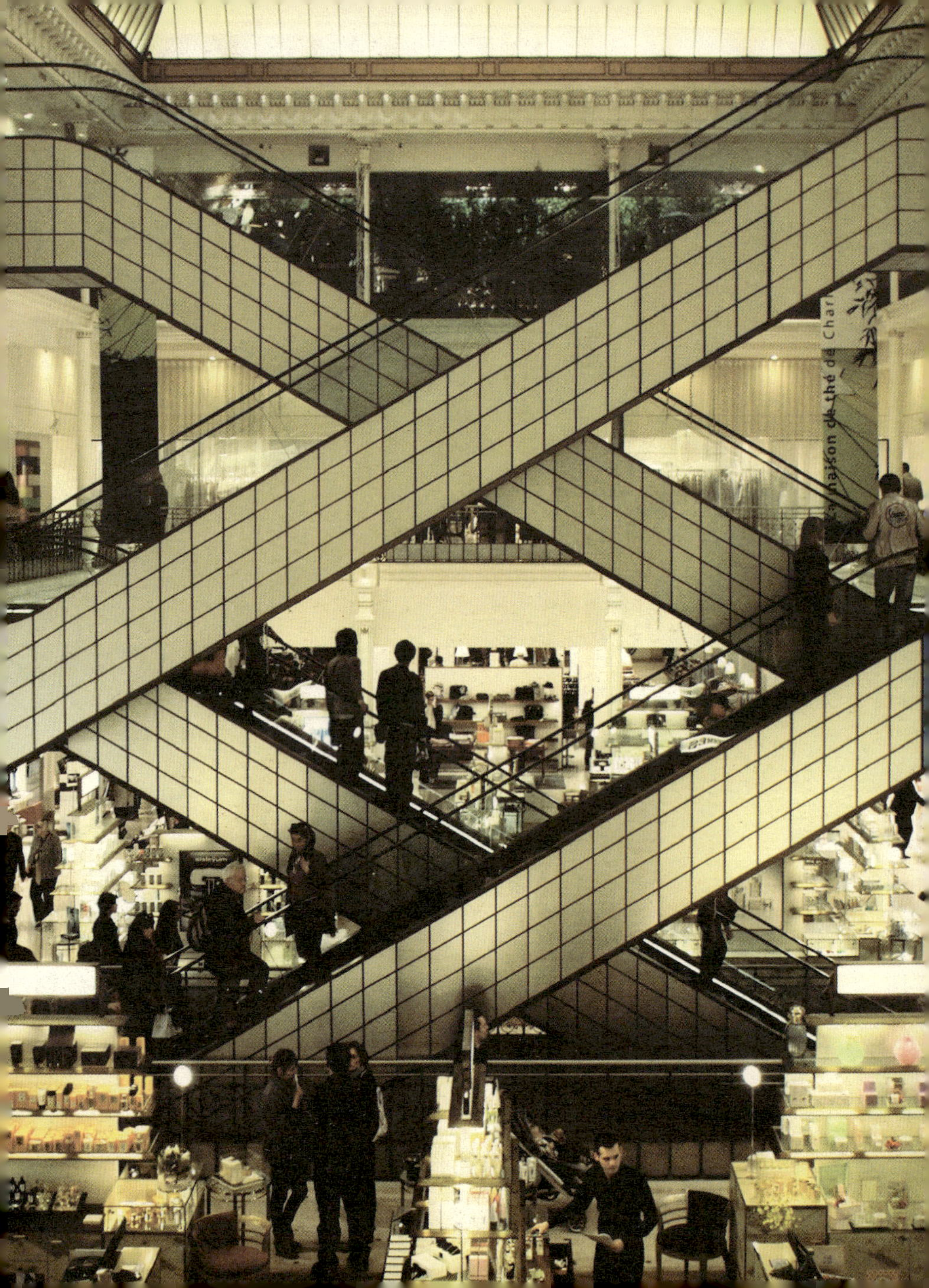

Saint Germain des Prés
圣亦曼德佩区

从古老教堂逛到名牌精品店，
漫步于往日与现代之间

066

古老与现代交错

圣日耳曼大道(Boulevard Saint-Germain)是连接第5区及第6区的主要干道，位于塞纳-马恩省河与卢森堡花园(Jardin du Luxembourg)的正中间，有咖啡厅及一整排的商店，这一区包含了各种元素，却融合得恰到好处，我们可以从那中古世纪以大石块铺成的道路，从圣杰曼德佩教堂(Eglise Saint-Germain des Prés)，或从圣许毕斯教堂(Eglise Saint-Sulpice)、万神殿(Panthéon)看到过去，又可从一大早就已敞开大门欢迎我们的咖啡厅，从穿插于古老教堂的名牌精品店，甚至从巴黎唯一的高楼蒙巴纳斯(Tour Montparnasse)大楼看到现代。

068

叽叽咕咕第6区

Mamie Gâteaux
奶奶的甜点

奶奶，我回来啦！

如果要挑一个巴黎我最喜欢的地方，而且最希望能和心爱的人一起去的地方，那就是这里了。

这里有点复古的味道，亲切又温馨，弥漫着一种小屋子里以厨房为中心、以餐桌为活动天地的居家感。小孙女放学后一回到家，第一件事就是一边喊着奶奶，一边往厨房跑，而奶奶早就准备好热乎乎的巧克力和点心等着了，小孙女坐下来，就把画册拿出来专注地画了起来。

这就是这家咖啡厅让我见到的第一幕。

Mamie Gâteaux Salon de thé这间咖啡厅可爱得恰恰好，这也许是因为Hervé和Mariko Duplessis这两夫妇混合法式和纯日本式的结果吧！小小的厨房，却有三位女厨师，由Mariko主厨领导。菜单里各式菜色搭配完美，白天有多种套餐，还有各式烘焙甜点。我们第一次来的时候还碰到一位穿着讲究的时尚阿姨，也是Mamie Gâteaux老板之一，替我们介绍本店的经典招牌菜，那就是用拿铁碗装着的热巧克力，配上一块迷你的玛德琳（madeleine，一种贝壳形的法国传统糕点），这变成了我们每回必点的最爱。架子上也摆着漂亮的拿铁碗，自然成为店里的装饰之一。每次我们只要一坐到固定的位子，桌上那几何图形的餐桌纸垫好像早就等着款待我们了。如果是在中午大家都肚子饿的时候去，人会多到需要在外面排队等待，这样的话，可以先走到隔壁老板另外开的两家店逛逛喔！

Boutique及Brocante这两家店卖的是古董、居家装饰品、厨房用品、故事书及手工太妃糖等，延续了和Salon de thé一样的温暖气氛，一点都不像是商店，比较像是家里的储藏室，闲置了许多家人留下来的老东西，准备随着家庭成员的变化来替换家具，这些老东西在照进来的阳光下显得特别柔和。如果来的时候正好遇上打烊，可以私底下去叫Hervé先生喔！没多久他就会来替你开门的。

我们都还没吃饱，转身过去就瞥见那小孙女已经趴在餐桌上睡着了。

地址：66 rue du Cherche Midi 75006 Paris

开放时间：周二一周六 11:30—18:00

地铁：Line 10, 12 塞夫勒 - 巴比伦站 (Sèvres-Babylone)

Eureka ma maison
有家的味道的商店

如果要让人马上联想到且想象出画面的话，应该说这家店很像住家附近贩卖日常用品的商店，说它是杂货店呢又不尽然，因为店里还卖家电、厨房用品、卫浴用品，还有品项齐全的居家用品。我很喜欢这种气氛的店，让人有家的感觉，而且可以真正体验到巴黎人的日常生活。煎锅、炖锅、刀子、定型的模子、瓶瓶罐罐也都有，想要修补东西，在这里也可找到工具。店门口通常有布袋、篮子整整齐齐地挂着，看起来很可爱。

地址：rue du Cherche Midi 75006 Paris

地铁：Line 10,12 塞夫勒 - 巴比伦站 (Sèvres - Babylone)

071

072

Rue du Cherche Midi
觑贺须米嘉街

　　这条路的两旁有名牌精品店、咖啡厅,以及地方性的商店,像是花店、文具店和可以量身定做的裁缝店,人并不多,可以悠闲自在地慢慢逛。这条街可以通到圣日耳曼大道(Boulevard Saint-Germain),途中会经过圣许毕斯教堂(Eglise Saint-Sulpice),交叉路口附近连接了好几条小路,每一条路都各有特色,可以从商店察觉得到,尤其是格黑内勒街(Rue de Grenelle)全都是名牌精品店,像是Prada、Céline、Yves Saint Laurent等等,气氛恬静,因为人很少。可以慢慢挑你想要的东西,店里的商品款式很多,不用排队和别人抢着花钱,这里的名牌种类很多,比起圣奥诺雷街(Saint Honoré)一点也不逊色。

　　街角有一家很棒的咖啡厅叫作Bar De La Croix-Rouge,其实,像这样的咖啡厅巴黎随处可见,这家咖啡厅除了提供咖啡配上可颂或当日特制点心之外,还有唐缇(Tartine)这种传统餐点,也就是一种在吐司上覆上熏鲑鱼、鹅肝酱等各种食材的餐点,再搭配生菜沙拉一起上菜,吐司会烤得微焦,散发香香的味道。我喜欢每天早上从住的地方走到这儿来坐坐,法国的叔叔、阿姨们坐在邻桌看报纸、玩填字游戏陪着我,气氛令人感到舒服,令我对这里印象深刻。

　　若你想试试较新潮的Fusion Tartine,我推荐Cuisine de Bar,这家店以**Tartine**为招牌菜,甜的咸的都有,搭配沙拉、甜点及茶／咖啡做成组合,午餐通常需要吃饱一点,这里的餐点分量刚好。这家店的隔壁是**Poilâne**面包店,是从1932年就开始营业的老店,而且这家是创始店,可以吃到外层很厚但里面又软又有弹性的法国面包,还有每天都少不了的烤成漂亮金黄色的长条吐司。

Au Bon Marché
诞生于18世纪的百货公司

  我相信任何人只要接触、了解Au Bon Marché，都一定会爱上它，这家大型百货公司原本只是摊贩式的市集，后来成为世界上第一家百货公司，如果你是把逛超市当兴趣的人，更不能错过这儿。

  这家百货公司由三栋大楼构成，气派程度一点都不输给春天百货(Printemps)和老佛爷百货(Galeries Lafayette)。第一栋有食品市场，集合了全世界的各式调味料，分成不同区，很容易就能找到想要的东西，逛起来很舒服。这里有干货也有生鲜商品，有甜的也有咸的，还有从世界各地进口的茶叶，有绿的、黄的、红的蔬果互相争鲜，每次来这里逛，都觉得整个人的细胞都鲜活了起来。另外，进门的地方就有点心小站向我们招手说欢迎光临呢！光是进来看看来自世界各地的漂亮包装，就已经很有趣了。

  到了楼上，可以很清楚地看到这里每一栋的特色，其中一栋专卖少女服饰，有法国本土设计师的作品，也有进口商品，品牌齐全。我非常喜欢这一区，因为这里的空间陈列活像是一间大型的时尚精品工作室。由通道往下望去，正好可以看到人们转来转去的热闹景象，这里的气氛比较像是售货员正忙着替顾客挑选要走fashion show的衣服，而不是积极卖东西拼业绩。通往另一栋的通道也时常作为展示照片的场地。

  走到高级知名品牌这一栋，所有名牌也一应俱全，不比其他百货公司少。Au Bon Marché还有另一个吸引人的地方，那就是家饰用品的专卖区，可以看得出百货公司很认真很努力地经营这一区，这一整层全是家具和各式家居用品，而且都是经过严选的设计精品，可以让你逛得浑然忘我，也有书店及文具用品区。最让人意想不到的是，这里还有手工艺品材料区，感觉就像是把泰国的陈和成百货（以卖手工艺品材料出名的百货公司）搬到巴黎来一样，里面可以找到裁缝编织用的所有材料及工具，还有上百种纽扣，简直就是手作达人的天堂。

075

什么都有呢！
我最爱这里了！

呱呱咕咕

Pharmacie

　　这儿的药房也同时贩卖美妆产品及美容保养品，在波拿巴街（Rue Bonaparte）转角有一家两层楼的大型药房，里面的化妆品价格比其他地方稍微便宜一点，人多到要侧身挤一挤才进得去。店门前的药房十字标记牌上还会显示时间和气温。

Cire Trudon
如 Pantone 色卡般缤纷的蜡烛

　　你是否有过这样的经验？买了漂亮的香氛蜡烛回来，却舍不得点，总是当装饰品摆着，总是想等到特别的日子再用，但总是等了又等，最后还是没能享受到那蜡烛的香气和美丽摇曳的烛影。热爱蜡烛的人如果看到Cire

Trudon的蜡烛，绝对会大声尖叫个不停。

　　这里不仅有美丽的蜡烛，还有17世纪流传下来的故事。传说这家店一直致力于研究以天然植物淬炼出的纯蜂蜡来制作蜡烛，店里的蜡烛也是玛丽皇后的最爱。

　　这里的蜡烛特色是点燃后不会有外溢的烛泪，而且香味独特，比其他蜡烛燃得更久，这都是Cire Trudon独家秘方与众不同的特色。

　　店里更值得赞许的一点就是很讲究陈列方式，像是陈列色笔一样依颜色来区分，这儿有其他地方看不到的颜色，奇特又漂亮，还会将对Cire Trudon有特殊意义的人物做成人像蜡烛。仔细看蜡烛的质感，会发现质地细致均匀，让人忍不住惊叹：这真的是蜡烛吗？

　　跟大家介绍一下点蜡烛的方法，蜡烛最好不要持续点超过3小时，也最好等到蜡烛完全冷却之后再重新点燃。若用玻璃容器放蜡烛，别让蜡烛烧到一点都不剩，要留一点点在杯底，不用觉得可惜，因为你马上就会想回来这里了！

地址：78 rue de Seine 75006 Paris

开放时间：周一——周六 10:00—19:00

地铁：Line 10 马毕伦站(Mabillon)

Bonpoint
小朋友的欢乐王国

我认为Bonpoint不仅是一个儿童服饰品牌，还是小朋友们的王国，是一个教导小孩如何发挥想象力和创造力的地方，让孩子们在色彩鲜艳的玩具及五颜六色的糖果之外，也能发掘到这世界所蕴含的美感。当然，这么可爱的理念即是来自于玛丽-弗朗斯（Marie-France）和伯纳德·柯恩（Bernard Cohen）这两位Bonpoint及第3区Merci的创办人。

店里所有色调都是柔和又对小孩有亲和力的颜色，有可爱又适龄的男童装及女童装，店里的装潢更是充满童趣，是间有水晶吊灯的儿童服饰店。这个儿童王国依年龄层设计了不同的商品，从新生儿到大小孩都可找到合适的商品，针对小男孩又有混合牛仔风的剪裁设计。有小木屋让孩子们玩捉迷藏，还有为小公主、小王子专设的儿童café，让我好想缩小，挤到小朋友中间，一起坐在那原木制的超迷你桌椅上。老板在装潢和商品陈列上真的花了很多心思。

Bonpoint的美丽精致不但受到巴黎市的爸妈们喜爱，还风靡了好几个国家，包括英国、美国及日本，全球共有80家分店。这家分店是集合所有商品的概念店，有家饰用品及各种Bonpoint自有品牌的儿童专用香水、古龙水及香水蜡烛，洋娃娃和各种玩偶也有。至于家里还没有小不点的人，可能会担心进到这家店不知道要干什么，但只要你试着去逛逛，保证一定会迷上。

地址：6 rue de Toumon 75006 Paris

开放时间：周一—周六 10:00—19:00

地铁：Line 10 马毕伦站（Mabillon）

079

Eva Baz'Art

不尴尬的巴黎伴手礼

不管是谁出外旅行,一定都有买伴手礼的问题,这问题说大不大说小不小,却最令人伤脑筋。有时候不是只要有心买什么礼物都可以,因为大部分纪念品专卖店卖的都是以该城市代表标志设计的冰箱磁铁、钥匙圈和别针。买这些来送给亲朋好友,只要想到对方不知该不该表示高兴的尴尬表情,就买不下手了。我们巴黎小旅行小组独家推荐Eva Baz'Art这间礼品店,这里商品种类多元,你绝对可以找到合适的伴手礼。

我们之所以推荐这里,是因为店里推出的商品既可爱又非常适合作为伴手礼,商品包括杯子、盘子、碟子、图章、钟表、瓷娃娃等,也有各种家饰用品,大部分的图样都可以让人感受到巴黎风情,像是巴黎铁塔、凯旋门及复古风设计,另外还有好多种形状做成代表巴黎标志的可爱商品,我个人特别喜欢做成埃菲尔铁塔形状的通心粉,收到礼物的人一定一脸惊喜,不会显得不知所措,这下子大家都开心,喜剧收场。

地址:53 rue Saint-Andre des Arts 75006 Paris

开放时间:周一—周六 10:00—12:30,14:00—19:00

地铁:Line 4 圣米歇尔站(Saint-Michel)

好高兴喔！
买到伴手礼了！

叽叽咕咕

如果在这附近逛到饿了，建议你到碧西街(Rue de Buci)觅食，这条街上有很多小酒馆(Bistro)和咖啡厅。特别推荐Café Germain，可惜我自己还没有机会亲口尝尝他们的餐点，因为我和这家餐厅无缘哪！去的时候正好碰到他们夏季休假。

之所以会推荐是因为他们令人惊艳的普普风(Pop Art)装潢，从店外就可看到一座鲜黄色的女人塑像，下半身在一楼，上半身整个穿到二楼去，黑白相间的棋盘式地板趣味性满分，再配上原色系的家具，听说人也是多到要排队喔！

如果你是德国塔森出版社(Taschen)所出的精美艺术书和指南书的书迷，千万别错过位于碧西街的巴黎唯一分店。

Café Germain: 25–27 rue de Buci 75006 Paris

开放时间：每天营业 12:00–15:00 及 19:00–23:00

Taschen: 2 rue de Buci 75006 Paris

开放时间：周一—周四 11:00–20:00，周五—周六 11:00–24:00

Café de Flore 花神咖啡馆
圣日耳曼大道上的老咖啡厅

在这间咖啡馆的正对面有一座花神雕像，因此有幸以花神为店名，令人很容易记得。花神咖啡馆自1887年创立以来一直名声响亮，无论是作家、演员、导演或艺术家都喜欢到这儿来坐坐，或是在这里工作，这种文化好像是透过艺术家和名人的血液来遗传一样，一代传一代，连政治人物也流行来这儿凑热闹。

当然，这项悠久的传统到现在仍一直延续着，露天咖啡座总是座无虚席，连我自己也常去，迷上这儿的好几种沙拉和柠檬苏打水。说不定你不经意地往左一看……强尼·戴普就坐在你旁边喝饮料喔！

地址：172 Boulevard Saint-Germain 75006 Paris

开放时间：每天营业 07:00—01:30

地铁：Line 4, 圣杰曼德佩站 (Saint-Germain-des-Prés)

Sennelier 申内利尔画具专卖店
文具及调色达人

　　这家文具百年老店创立于1887年，位于塞纳-马恩省河边及数所艺术学院之间，店里有一股独特的气味，这股由颜料和木头混合成的气味已洋溢一百多年了。据说，这家店的颜料是由创始人 Gustav Sennelier 亲手研磨制作的，质地细致且颜色鲜明，让毕加索非常满意而成为忠实顾客。我很喜欢这家店的气氛，店里深色的原木地板、置物架与架上那五颜六色的颜料正好成对比，让整个店像是文具的图书馆，看起来古典又专业。有整柜的水彩画笔，有那林立的画架，素描用铅笔及色笔也非常多。店有两层楼，走道窄窄的，因为要容纳成堆的文具和美术用具，即使店里显得有点狭窄，但是有一股画具散发出来的无形力量牵引着我们，而让周遭一切都定格了，不信的话，自己来体验一下吧！

地址 : 3 Quai Voltaire 75007 Paris

开放时间 : 周一——周六 14:00—18:30

地铁 : Line 4, 圣杰曼德佩站 (Saint-Germain-des-Prés)

Shakespeare and Company 莎士比亚书店
恋上莎士比亚

　　无论你有多喜欢戏剧，无论你喜欢的是喜剧、悲剧，还是剧情能让人感动到热泪盈眶，甚至泪如决堤的，也无论你是不是莎士比亚的粉丝，这间书店随时都以塞满整个空间的英文小说来欢迎你，多到连门口的拍卖书书架也是满的，从一开店就很热闹。绿色店门配上门前的喷水池和雕像，整个气氛都引领着我们进入小说里的一幕，我干脆想象自己就是戏里的女主角了。

你从哪儿来的呀？

085

地址：37 rue de la Bûcherie 75005 Paris

开放时间：周一——周六 10:00——23:00，周日 11:00 开始营业

地铁：Line 10 莫贝尔-缪切里铁站（Maubert-Mutualité）

　　从位于巴黎中央的西堤岛及圣路易岛两个小岛到塞纳-马恩省河左岸，沿岸到处可见卖着旧书、海报和明信片的摊贩，偶尔也偷偷冒出一些新的纪念品混在某个书摊中。在阳光灿烂的好天气里，河边气氛热闹，这时来逛一逛绝对不会感到一丝寂寞。几座连接小岛和左岸的桥上很少有车经过，有人会在桥上表演歌唱，让气氛更加欢腾。如果在冷冽的气候里，晴天转为灰蒙蒙的天气时，再加上暗绿色的书摊棚，也会让人不禁觉得沮丧呢！不过，如果是8月份来玩的话就不用担心，因为这里的河岸边已变身为海滩，迎接summer time的来临，有海滩躺椅让你做日光浴，有沙滩让你脱掉鞋子踩在沙地上散步，别有一番趣味。

Jardin du Luxembourg 卢森堡公园
巴黎市中心的意式花园

　　我在心里画了一个问号。在天气晴好的日子，阳光遍洒在如茵草地上，大家都心情愉快，每个人都到户外到公园来消磨美好时光。

　　如果天气不好的话，那怎么办呢？就只能躲在家里吗？

　　可没时间让我回答心里的问题呢！因为，今天是晴朗的好日子。

　　更棒的是，在这卢森堡公园里，我们面前传来小孩开心地攀爬滑梯、玩玩具的嬉戏声。

　　这是巴黎第二大的公园，园里高耸成荫的树木能挡风遮阳，百花争艳，

花香扑鼻，有超过百座的喷水池及雕像，还有我非常喜欢的传统旋转木马。

　　巴黎大部分的公园都是以细沙混合小碎石来铺路，并种了草皮，但偶尔还是会有尘土扬起，却不会让人觉得讨厌。公园占地广大，树木粗壮，却不用担心找不到可坐下来休息的地方，公园里到处都是可让人歇脚的椅子，这儿的椅子坐满了，再走几步一定找得到满意的一角，不需要跟别人抢。要不然，就到树底下或喷水池附近坐坐，享受一下自然水汽带来的沁凉吧！还是不想和别人挤的话，那一大片草地也随时可成为睡床，让你自由自在地翻滚。某些角落也有些叔叔伯伯聚在一起下棋，在公园中央的八角形大水池(Grand Bassin)里，则传来孩子们开心划船玩耍的声音。

　　一走进公园，就会被大树围绕，这画面一直暖暖地深植在我心里。直到现在我都还相信，不管那天天气有多糟，心情有多坏，有了那壮实巨木的绿荫环绕，你就不会感到在这世界上很孤单。

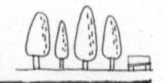

　　卢森堡公园受到意大利式庭园的影响，是根据路易十三世的皇母由佛罗伦萨波波里花园得来的灵感建造而成，原来属于卢森堡宫(Palais du Luxembourg)的一部分，现在是法国参议院所在地。

　　卢森堡公园的周围也有一些小商店和小咖啡馆，公园有许多入口，这些店就零星分布在入口附近，我们推荐Bread & Roses烘焙店，正餐或点心都有，菜单里有唐缇(Tartine)、菠菜松子、牡蛎，还有很多菜色，都是用有机的健康食材做成，也卖些天然调味料，买了以后可以留在店里吃，带到公园野餐也不错喔！

087

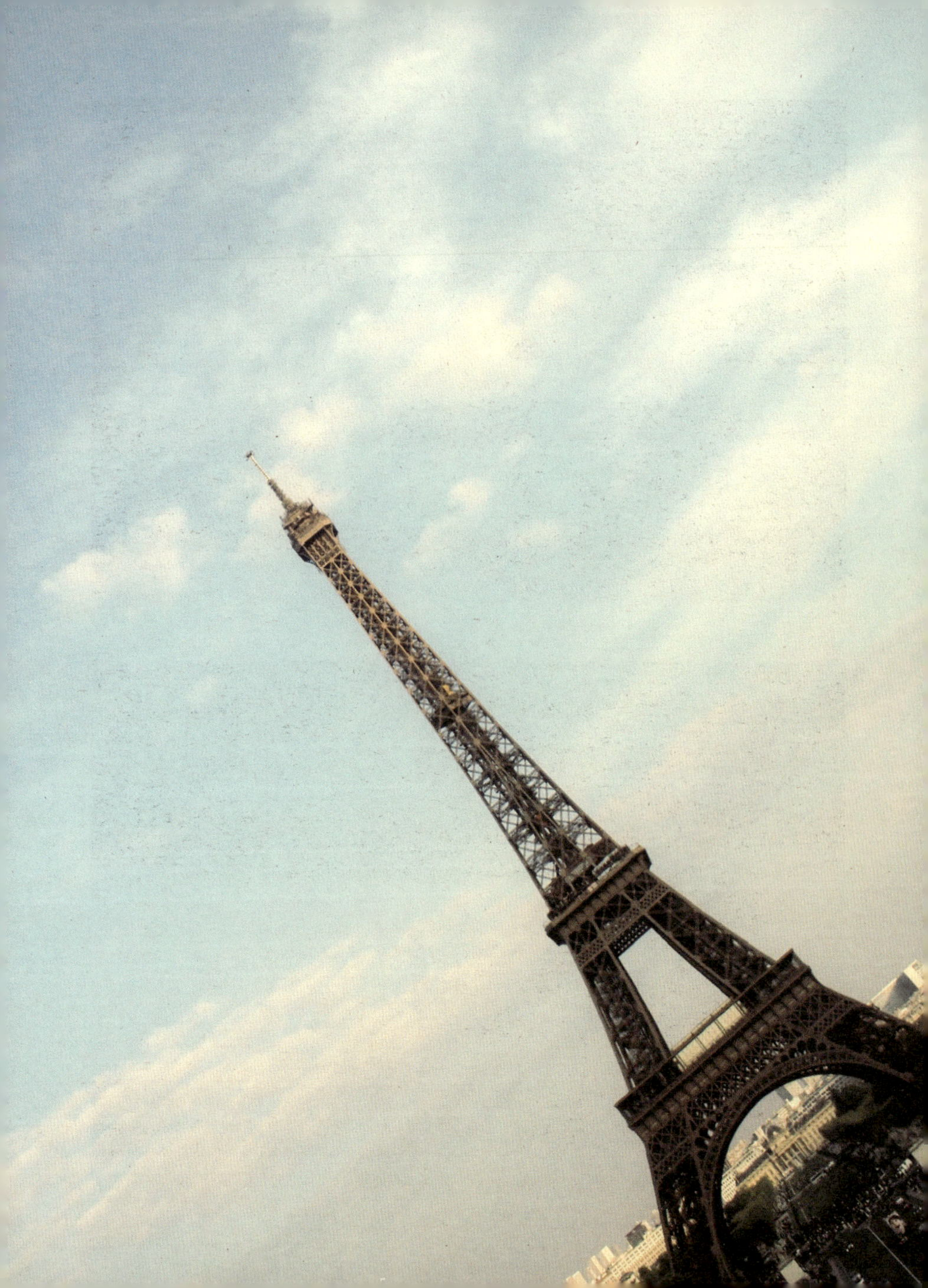

Tour Eiffel
埃菲尔铁塔

站在不远不近的地方，拍下

巴黎人眼里抹不去的身影

Tour Eiffel 埃菲尔铁塔

爱情就好像摄影。

有时距离太近就无法对焦,距离太远,又看不清楚细节,距离要恰到好处,才有办法拍到想要的漂亮作品。

一提到巴黎,第一个想到的就是埃菲尔铁塔。随着我们跟她的距离变化,可看到不同面貌的埃菲尔铁塔。在近处可看到隐藏在重约上吨的粗实钢铁里的细腻工程,可看到记录着历史痕迹的各个部分;如果在远处,则可看到从最高点到底部共324米的全貌。每天慕名前来为了到塔顶观景的游客大排长龙,队伍长到你还没开始排就已经想放弃了,如果把所有排队的游客一个一个堆起来,说不定就有一座埃菲尔铁塔那么高了!

我认为埃菲尔铁塔应该说是综合物理学、数学及科学的代表作,由法国工程师埃菲尔(Alexandre Gustave Eiffle)于1889年设计,目的是为了彰显法国的强大并作为博览会的入口。依照当初的计算理论,为了因应天气变化对整个铁塔结构的影响,而让铁塔的高度有约15米的伸缩性。当初全巴黎的人极力反对建造铁塔,认为它是破坏巴黎美丽景观的碍眼怪物,且违反当时建筑法对建筑物的高度限制,因而只签了20年的合约。谁也没料到,在埃菲尔铁塔建好后没几年,就180度转变成巴黎永远的代表标记。

开放时间:每天开放 09:30—23:00,夏季开放到午夜 24:00

地铁:Line RER C 战神广场/埃菲尔铁塔(Champ de Mars/Tour Eiffel),Line 8 巴黎军校站(École Militaire)和 Line 6 毕哈肯站(Bir-Hakeim)

叽叽咕咕

和埃菲尔铁塔拍照的最佳地点，是在塞纳-马恩省河对岸的投卡德侯公园(Jardins du Trocadéro)，在这里拍照，整座铁塔好像就在身边，而且跟自己差不多高，很多人都会摆出一个pose——用手指戳埃菲尔铁塔。在这一区的塞纳-马恩省河两岸皆是大型公园，环境优美，虽然游客爆满却也不觉得太拥挤，夏天时还有摩天轮为这里增添色彩。

想到埃菲尔铁塔顶端的话，可以选择靠自己的双脚走上去或搭电梯，顶端分成2段，一、二楼是第一段，最顶端的三楼是另一段，早上9点半开放参观，直到晚上11点才关，夏天更开放到半夜12点。晚间，埃菲尔铁塔灯火通明，不管是在巴黎哪一个角落，望过去都美不胜收。

我想叫这第7区为博物馆区，这一区的代表除了埃菲尔铁塔之外，还有很多博物馆让你百逛不厌，每一座博物馆都有自己独特的魅力，而且这里的河边景致也不输给圣路易岛和西堤岛那一带喔！

ADULTE 3,00€
ENFANT 3,00€

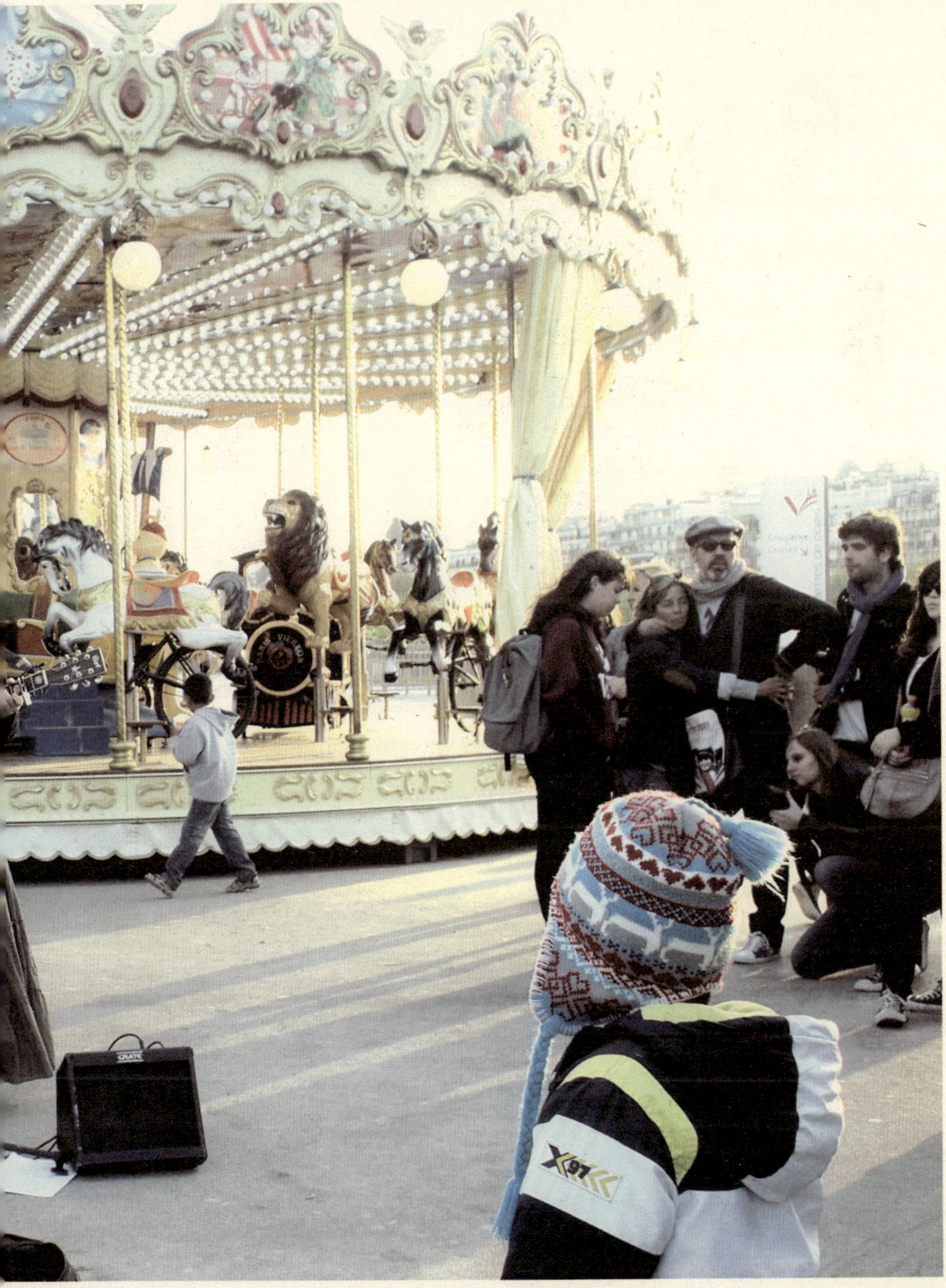

094

Musée d'Orsay 奥赛美术馆
火车站变身印象派达人

　　这里大排长龙的游客也不比卢浮宫少喔！即使这个博物馆的规模比卢浮宫小很多，仍然非常值得一看。

　　这里原本是座古老的火车站，19世纪时因缘际会改建为博物馆，又在同一世纪成为当代艺术展览地，这两项项目结合在一起，让整座博物馆的气氛和建筑都表现出当时印象派艺术的风格。这儿展示了许多当时知名艺术家的画作、文学作品及雕塑，如梵高、高更及莫内的油画。在这里，沉浸在画作所透出的艺术气息，再加上穿过屋顶透明玻璃洒下来的阳光，让人虽身在当下却仿佛置身在19世纪。

> 地址：1 rue de la Légion-d'Honneur 75007 Paris
>
> 开放时间：周二—周日 09:30–18:00，周四晚间开放至 21:45
> （每日闭馆前1小时停止贩卖门票）
>
> 地铁：Line 12 国会站 (Assemblée Nationale)

Musée Rodin 罗丹博物馆
有着梦幻花园的博物馆

　　我对罗丹博物馆的认识，似乎仅止于大二时在艺术史学到的《沉思者》(The Thinker) 而已，那模糊的记忆引导着我来到这儿。

　　这座华美豪宅在作为罗丹等艺术家的工作室之前，曾经是比隆公爵 (Duc

de Biron)的住所,是罗丹本人指定这里作为陈列作品的博物馆。

在见到那玫瑰园和园里那座默默深思已久的沉思者之后,我就立刻爱上这儿了,不只是那玫瑰园,还有其他在博物馆周围受到悉心照料的花园。我就是莫名地觉得这儿气氛特别浪漫,难道是因为博物馆里那些罗丹和他的情人卡蜜儿(Camille Claudel)的伟大情史所造就的作品,还是因为罗丹的另一座旷世巨作《吻》(The Kiss)雕像,我真的无法确定是不是这个原因,才让这儿显得诗意又感性。

我心里的激动不但来自于亲眼见到以前只在艺术史教科书看过的作品,也来自于这里还可欣赏到许多世界级知名艺术家的大作。在我慢慢地、细细地欣赏与了解罗丹的作品后,更能感受到那花园和窗前的喷水池所营造的浪漫气氛,让我停住脚步,沉醉在那超有情调的后花园里,纵使孤单一人身处在多对情侣当中,气氛依旧令我十分感动。

地址:79 rue de Varenne 75007 Paris

开放时间:周二—周日 10:00—17:45,花园开放到 18:00

地铁:Line 13 瓦翰那站(Varenne)

Musée du Quai Branly 布朗利原始艺术博物馆人神博览

不管是走路、坐车或搭船经过，一定都会留意到这栋覆满绿叶的时尚建筑。不像别的古老建筑似乎经过好几百年才让树叶蔓延满覆，从某些角度来看，这栋建筑特别有现代感。这座博物馆带我们认识不同种族的生命循环、艺术及文化，例如：亚洲人、非洲人、美洲人等，还让我们认识自原始时代以来的生活形态。博物馆举办的特展也很有趣，有时会举办名牌服装的古老珍藏版服饰展，这些历经岁月洗礼的服装，让我们从世界名牌服饰来探究人类的穿着演变史，展示方式不但有趣而且易懂。

地址：37 Quai Branly 75007 Paris

开放时间：周二、周三及周日 11:00 —19:00
　　　　　周四、周五及周六 11:00 —21:00

地铁：Line 9 阿尔玛-玛索/耶拿站 (Alma-Marceau/Iéna)，Line 8 巴黎军校站 (École Militaire) 和 Line 6 毕哈肯站 (Bir-Hakeim)

098

Palais de Tokyo 东京宫美术馆
午夜博物馆

这是另一座不可错过的当代艺术博物馆,这儿总是不断有新形态的艺术展现方式,欣赏装置艺术(installation art)和互动装置艺术(interactive art)的人可能更会喜欢这里。这里的气氛真不愧是当代艺术的殿堂,既时尚又易懂。我喜欢这里用网子做成围墙的书店,有杂志也有书刊,藏书丰富到你得上下左右转头,才能整个扫视一番。这间也是我喜欢的书店之一,里头还设有自助式咖啡厅,在户外咖啡座可望见埃菲尔铁塔,别忘了在那旧式拍立得包厢里拍照留念喔!

地址:13 avenue du Président Wilson 75116 Paris

开放时间:周二—周日 12:00—24:00

地铁:Line 9 耶拿站(léna)

在东京宫美术馆(Palais de Tokyo)周遭还有几间也非常值得一看的博物馆,像是巴黎现代艺术博物馆 (Musée d'Art Moderne de la Ville de Paris)和时尚博物馆(Palais Galliera)我都非常想参观,可惜去的时候正好遇到局部整修,而开放区域又开开关关的,我总是没能抓对时间。这是一座展示时尚时装及珠宝饰品的博物馆,于2012年重新开幕,以全新面貌和大家相见!

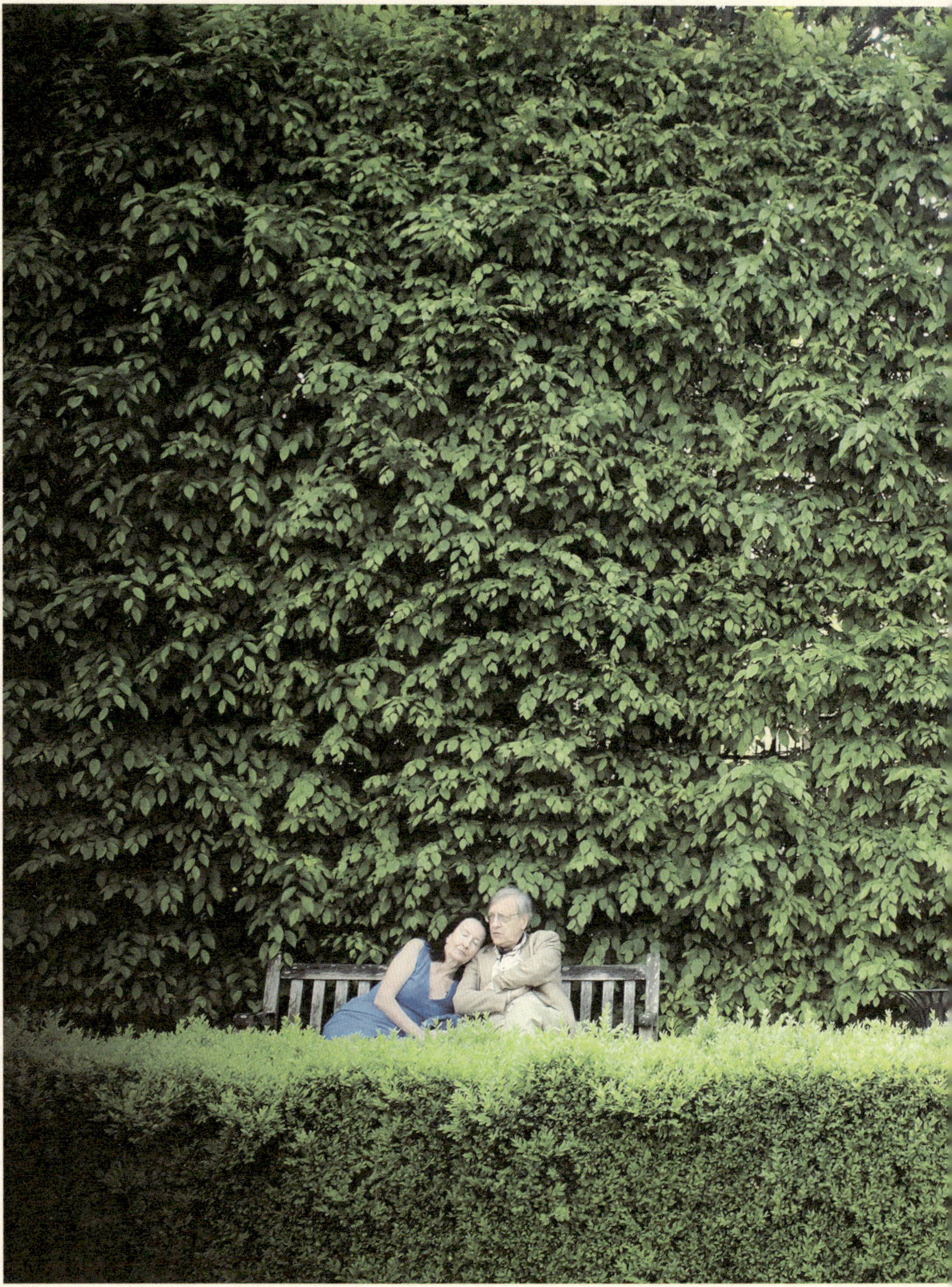

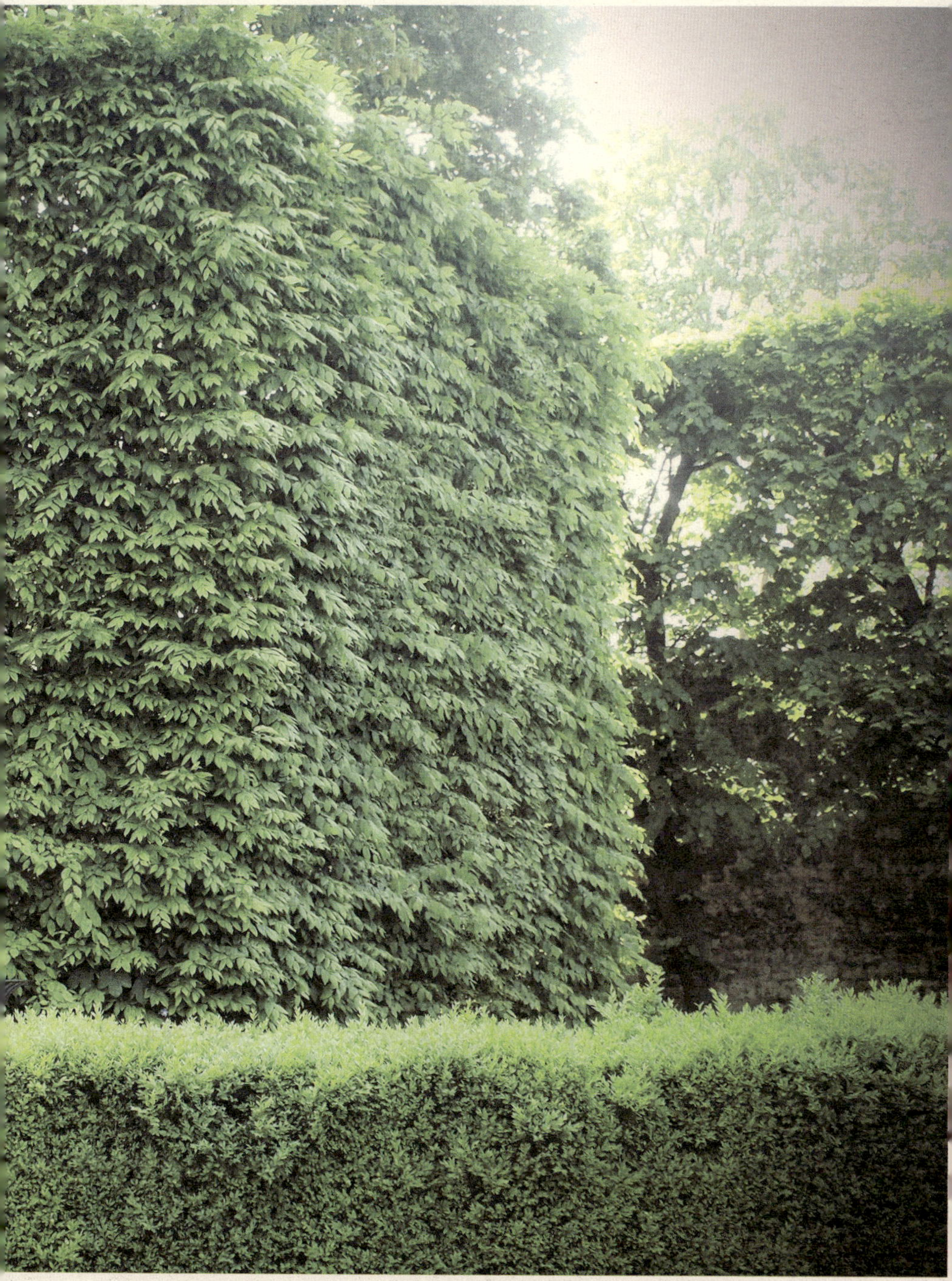

Réservation
06 62 20 24 88

Avenue Champs Elysées

香榭大道

不只是名牌胜地，贵妇最爱的下午茶店也在这里

世上最风情万种的街

我第一次来到这条街的时候，好像凡事都不如人意，不让我见识到她的美。所有商店和一整条街都让我吃闭门羹，我只好带着这条号称最美的一条街给我的失望静静离开，但也默默给了自己和这条街再一次见面的机会，看看我们俩能不能爱上对方。

于是，我又再次来到⋯⋯香榭丽舍(Champs Élysées)。

这次它好像想洗刷上次给我的坏印象一样，在街的尽头，用我看过最圆也最美的月亮来款待我，那独特的姿态超乎人们给它的赞誉——世界上最美的一条街。

这条时尚之街的起头是在协和广场(Place de la Concorde)的一个方形大广场，介于巴黎市中心的杜乐丽公园(Jardin des Tuileries)及香榭大道之间，沿着路旁左右两排树望过去，可看到凯旋门(Arc de Triomphe)，一个曾显示强大威信及国力的标记，目前则是连接12条放射状马路的圆环。

当然，这条从亨利四世时代到现在都主导时尚潮流的大道上，满布着世界驰名的名牌精品店，每天都有许多人疯狂地血拼(shopping)，因为这是少数几条商店周日也开张的街道之一，街上的游客川流不息，这里确实可以彰显巴黎的繁荣。

我很喜欢这条路上的行道树，因为它们在路的两旁一条直线整齐排开，而且每棵树都被修剪成方方正正的特别模样。这条道路不断地进行维护以保持风采，包括树木、喷水池及经过设计装饰的路灯。在巴黎市长德拉诺耶(Bertrand Delanoë)的指示下，这些树木得到了细心的照顾，道路两旁及附近公园里的树也全换上了新设计，全被修成四四方方的形状。

Grand Palais 巴黎大皇宫

这是一栋位在香榭大道附近醒目又漂亮的建筑，属于布杂艺术[1]（Beaux-Arts）风格，从远处望去可看见玻璃屋顶，即使是在1897年就盖好的建筑物，因为内部结构是以铁打造，外面用石头和马赛克砖砌成，至今都还保持原有的风貌。

目前这里被用作展览或当代艺术展的场地，功能类似天文台，是一座科学博物馆，我觉得它有点俗气，但莫名的我就是喜欢这里。建筑内部的设计很美，不管是在里面的哪个角落，只要往玻璃屋顶仰望，都可看到光线透过玻璃照射进来，非常唯美。这里不但是可以让小朋友增长科学及自然知识的博物馆，像我这样的大人们也能在其中找到乐趣。

地址：Avenue Winston Churchill 75008 Paris

开放时间：每天开放 10:00—20:00

地铁：Line 1 香榭丽舍-克列孟梭站（Champs Élysées–Clemenceau）

[1] 布杂艺术：流行于19世纪末、20世纪初，强调建筑的宏伟、对称、秩序性。

Ladurée 拉迪雷甜点屋
初遇 目光相接 凝视你的容颜

我和你，只是点头之交。

我们不曾互相问好，只曾在不同的国家擦身而过。

第一次见到你时，我甚至对你毫无感觉，虽然你看起来是那么甜美，而且有一堆仰慕者围绕着你，却激不起我心中的涟漪，不怎么吸引我的注意力，我们只望了对方一下就各自离开了，大概是我们还没什么话题可聊，或是我们还没有什么共通点可将两人联系在一起。

然后，就在某一天的下午，那个我在几次相遇里离你最近的一个下午，一个从此永久改变你我感觉的下午。

你……

……

我必须先声明，即使我是那种迷恋各种甜美风味的人，对于甜点，我只能算是稍微尝尝的程度而已，我喜欢甜点，却不喜欢太甜太腻的，微甜的最能虏获我的心。所以，当小巧的马卡龙(magaron)那鲜艳又甜蜜的身影出现在我面前时，我只把它拿来拍照而已，因为它的模样超梦幻的；不然就是叫一套有它的下午茶让色彩更炫丽，我和马卡龙淡淡的又短暂的关系就此结束。

当我在Ladurée创始店里重新认识这种法式小圆饼之后，我心中的马卡龙世界就整个翻转了！这家店位于玛德琳(Madeleine)附近的皇家大道(Rue Royale)路上，由路易·欧内斯特·拉迪雷(Louis Ernest Ladurée)于1862年

创立。

　　一开始路易斯先生只在店里贩卖面包，在一次火灾之后，全店翻修以崭新的面貌重新开业，并开始卖起其他烘焙点心。这家店一百多年来都极具魅力，这不仅来自于点心的美味，也来自于那以教堂彩绘天花板的技巧装潢出的精致环境，可说是Ladurée维持至今的一大特色。

　　从面包店转型为Ladurée烘焙专卖店，又随着新的流行文化，调整为让人们可优雅休憩的咖啡屋或茶屋，到最后成为综合烘焙及咖啡的专卖店，Ladurée可说是当时第一间开创出这种形态的咖啡厅。那个时代（1930年）的仕女们，还不流行到外面逛街、聚会、聊天，自从有了这样的点心屋，小姐们就可以漂亮高雅地坐着喝茶，当然就马上形成风潮。就在同一年，娇小的马卡龙小姐以前所未有的妩媚姿态登上Ladurée的舞台，成为第一女主角。

　　我第一次见到Ladurée是在远离它的出生地的国家——日本，之后是在英国，最后来到巴黎，才真正有机会深入了解它。之前每次到分店，总看到排队的人多到惊人，只好放弃；直到遇到香榭大道的这间总店，它才把我的心套牢，因为橱窗里除了有排得漂漂亮亮的各种口味的马卡龙之外，还有种类繁多、小巧可爱的诱人糕点，以及齐全的三餐和下午茶菜单可供选择。

　　这间总店很大，共有两层楼，室内装潢延续自古以来Ladurée的独家风格——教堂壁画式传统画风。一楼总是一位难求，如果想在这里享用午餐，

108

可能需要早一点来。从早餐到晚餐时段都可在它的露天咖啡座用餐，有香榭大道的风景衬托，气氛绝佳，非常适合在晴朗的好日子来坐坐。如果是晚餐的话，我推荐到二楼，因为有隔间，较有隐秘感，会让你感觉好像是受邀到皇宫用餐的贵宾一样，优雅又尊贵。

餐点也跟甜点一样美味喔！特别是这儿的奥姆蛋（奄列，omlete），黄澄澄地卷在盘子上，令人垂涎。有些餐点也以马卡龙配餐，有点法国传统和fusion混血的味道。如果想饱餐一顿的话，这儿的正餐菜单还是比甜点菜单少了很多，菜单的厚度也差很多，这正合我意，因为这样就可以多留一点肚子给那些漂亮诱人的甜点了，让它们来温暖我的肠胃，这样才能整夜好眠哪！

到底Ladurée的马卡龙有什么过人的魅力，能让我这样把持不住呢？答案是那恰到好处的口感及味道。我真是爱死它的口感了！第一口咬下去会先咬到脆脆的外皮，接着内馅会马上滑进口中，然后一起融化在你的嘴里，而且味道不会太甜喔！买来当伴手礼，包准人人满意。这家店的特色除了会不断研发新口味、新的可爱色调之外，还很注重制作过程，所有烘焙好的马卡龙都要放置48小时后，才可以端到店面卖。更特别的是，每年会推出新口味两次，好让客人能够尝鲜。

自从那天认识了你，真正接触到你，
我从此再也无法忘了
你……
Ladurée

全球每一间Ladurée分店都很容易让人发现，也可以很快就记得它的主题色——正式名称是青瓷绿(celadon green)，这个颜色在泰国昵称乌鸦蛋绿，是用来做传统瓷器釉色的绿，也是我们常看到的碧玉的绿色，还有人称作春绿色(spring green)。以这样的色调来做设计，让人看了赏心悦目。在店里，从室内设计到包装用的纸袋、纸盒、缎带，以及店面装潢和菜单，全都是这种绿色，这个颜色和其他粉彩系列搭配时，就会显得格外可爱甜美。

叽叽咕咕

Ladurée之所以让人惊艳，除了马卡龙的美妙滋味之外，最重要的是它那吸引人的包装，有4个的小盒装，还有可放4个以上、自定数量的大盒装。不只如此，遇上特别节日时，还会请知名艺术家设计限量版包装盒，来供大家收藏。粉彩系的包装实在好打动人家的少女心哟！吃完马卡龙之后，照例可把盒子拿来装东西，若是大盒装要特别小心，马卡龙放在里面好几天后，会渗出一点油在盒底，最好在还没吃完时先用吸油纸垫在下，这样就不用担心当收藏盒时会有蚂蚁来造窝啦！

除此之外，Ladurée还推出其他商品让我们掏钱找乐子，例如：香精蜡烛、塑料购物袋、野餐套装用具、手帕等，应有尽有。

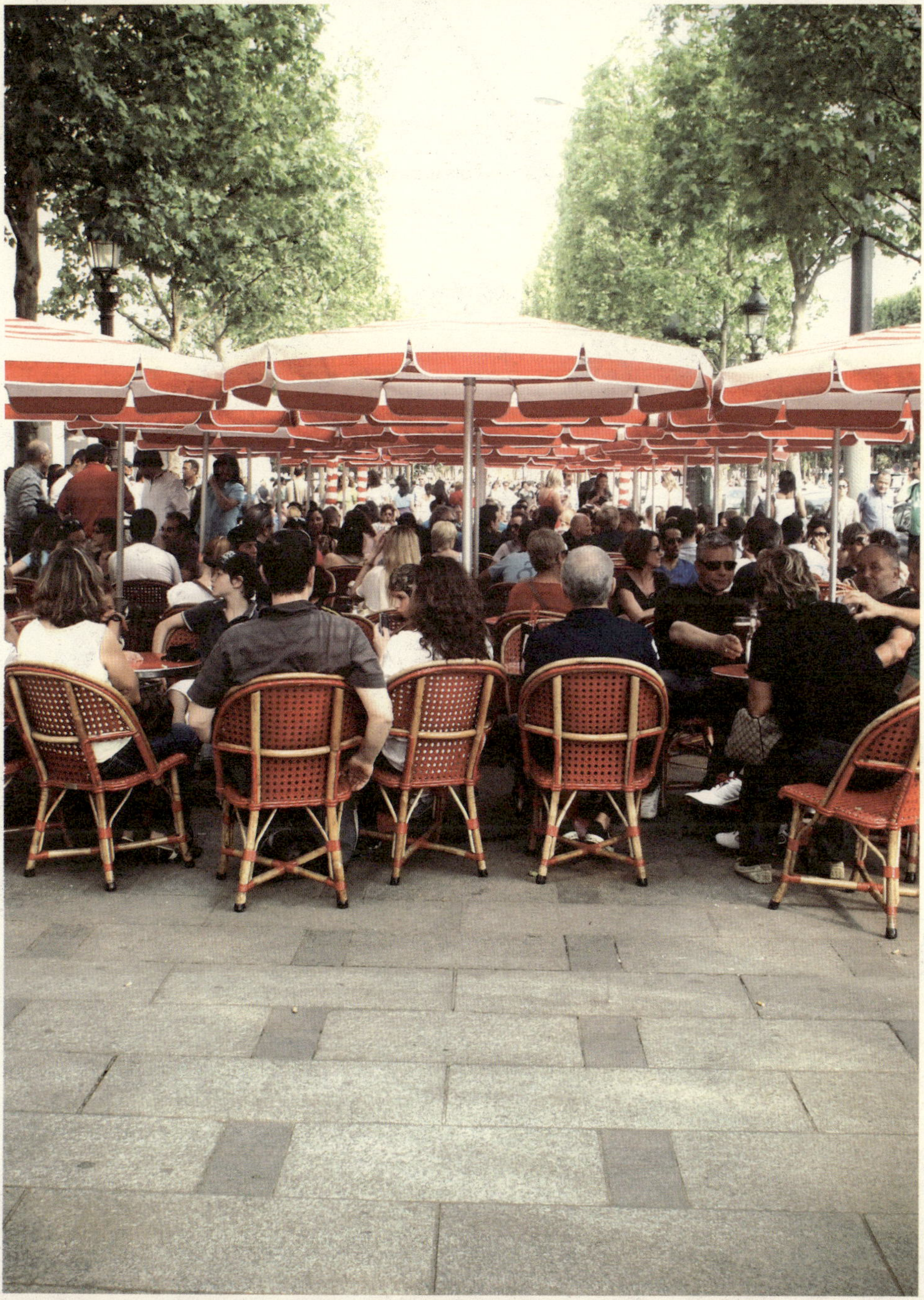

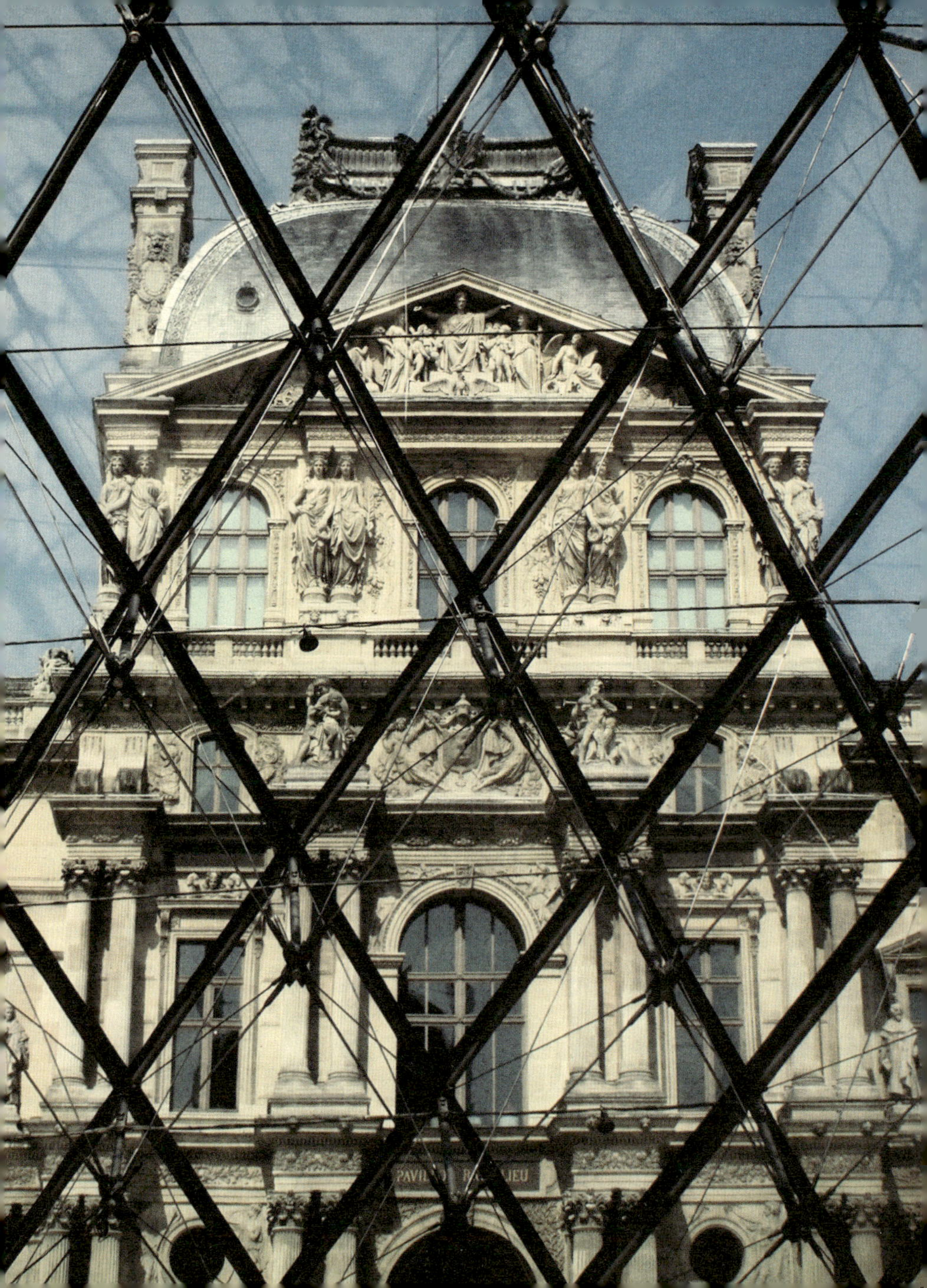

Palais Royal

皇宫

代名词是"历史"和"顶级"，
还有金字塔和蒙娜丽莎。

让人伤痛又快乐的一区

　　这个历史区位于巴黎的市中心，集结了世界级的奢华精品、顶级博物馆，以及可展现古巴黎繁华景象的气派建筑物，也有占地辽阔的公园。这一区让人了解到战争带来的胜利和伟大，当看到胜利纪念碑和市中心其他的装饰建筑，那浩大壮丽感让我激动了一番，但转念一想，这都是来自于巨大的损失，也不禁为战争的悲惨感到垂头丧气。可是你不会停留在这哀怨感伤里太久的，因为转身往周围一看，就有LV和Prada姐妹对着我们眨眼睛，马上转移了我们的注意力。

Saint Honoré 圣奥诺雷街

　　人们喜欢悠闲地坐在咖啡厅里慢慢享用咖啡，这种休闲文化就是从这条街开始的，而且这条街上结集了全世界所有的精品品牌，可以说如果哪个品牌不在这条街上开一家旗舰店的话，就称不上是真正的世界知名品牌。另外，这附近还有一家日本餐厅可让你填饱肚子，连巴黎人也像日本人一样在餐厅外乖乖地排队，我还蛮喜欢这家餐厅的，所以也常常可以在队伍里看到我。

　　回到圣奥诺雷街(Saint Honoré)继续血拼，找到自己喜爱的品牌后，就恣意地进去说声Bonjour吧！不管哪个名牌的旗舰店都不难找，因为大部分都开在大街上，不需要钻进小巷里去。每家旗舰店楼上以前都是该品牌的工作室，现在也还有一些仍把工作室设在这儿。

叽叽咕咕

　　若你喜欢Goyard这个世界上第一个推出旅行箱的品牌，那可要注意了！在圣奥诺雷街有两家旗舰店，一家卖的是各式皮包及皮件，购物女王们的宠儿——轻巧的托特包(Tote Bag)，在这儿当然可以找到齐全的颜色和样式；另一家则是高级的宠物狗狗用品专卖店。

　　喜欢Gomme des Garçons这个有着法国名字的日本品牌吗？在这儿也有一家旗舰店喔！你可能会走过头而找不到店，因为招牌的颜色和大楼一模一样。店门口的气氛有点沉闷，但是穿过拱门进到店里，气氛马上就被室内红、白及黑色的装潢带动起来，让人逛到忘我。

　　至于超级知名品牌Hermès在这儿的旗舰店除了占地广之外，从远远的地方望过去还可以看到漂亮的花园，原本我也没注意到，直到接触Un Jardin sur le Toît这款在Un Jardin系列里我最爱的香水才发现。爱马仕知名香水设计

C.B

师Jean-Claude Ellena就是从那空中花园得到灵感,而调配出这款香水的,我这才知道原来在这顶楼还蕴藏着香气呢!

Place Vendome 凡登广场

站在圣奥诺雷街上可看到凡登广场正中央的拿破仑柱,这个因四周尽是高级珠宝及钟表精品店而知名的广场,以前都是政府机构及饭店,可说是巴黎的代表地标之一,有好几部电影也在这里取过景。

colette 柯莱特时尚店
这里,充满无限可能

在我心中,Colette是对时尚潮流有一定影响力的精品店之一,而且将设计的可能性拓展至极致。

这儿不只是流行服饰店,也不只是设计精品的汇集地,更不只是潮男潮女聚集的地点,Colette的吸引力超乎集结所有名牌精品这点,这儿的每一本艺术杂志及书籍都是值得一看才被挑选上架,有精美设计的家饰用品及大大小小的日常用品,还有好听的CD,并非一定要是昂贵的名牌才会被选上,我们就可以看到Topshop的化妆品被陈列在Yves Saint Laurent旁边,只要是真正的好东西好设计,就一定可以在Colette看到。

更酷的是,我们可以在这儿找到其他地方找不到的东西,而且Colette可说是合作设计(collaboration)达人,若看到劳力士(Rolex)或百达翡丽(Patek Philippe)和班德福(Bamford & Sons)合作设计腕表的话,一点都不稀奇。还可看到时尚大师拉格斐(Karl Lagerfeld)为了让店面更有立体感(pop-up store)而创作的画。完全不同属性的东西融合在一起的设计,产生了一种设计上的华丽感,让人不禁赞叹,在这儿,什么都可能发生。

"叽叽咕咕" 在Colette的地下室有饮料吧提供轻食，饮料有非常多种选择，据说光矿泉水就超过100种牌子喔！

地址：213 rue Saint-Honoré 75001 Paris

开放时间：周一——周六 11:00—19:00

地铁：Line 1 杜乐利宫站(Tuileries) 及 Line 14 金字塔站(Pyramides)

Astier de Villatte
在别处寻不着的稀品

这儿的瓷器特色是歪歪扭扭到没人能轻易模仿，每一只看起来又轻又薄，似乎有点脆弱，但店家保证，这些瓷器绝对禁得起微波炉及自动洗碗机的考验，放进去后拿出来仍歪七扭八的漂亮依旧，一点裂痕也看不到。所有瓷器都是用最好的黑色黏土烧制，除了持久耐用之外，因为采用18—19世纪所用的釉色，看起来古典优雅。

Astier de Villatte原本以家具起家，后来他们制作的盘子在巴黎国际家饰用品设计博览会(Maison et Objet)上获奖，所以也开始设计贩卖起瓷器了。他们的产品皆以传统技术纯手工精制，难以模仿，部分产品也以手工绘上蓝、白及红等法国国旗代表色的花纹，更增添了瓷器的魅力。不只是瓷器，这儿的文具也以传统手工印制封面花纹，笔记本的封套是荷兰著名图像艺术家摩里茨·科奈里斯·埃舍尔(M. C. Escher)设计的花纹，纸质很适合书写，连橡皮擦及铅笔也熏上了不同的自然香气，还有蜡烛及独特香味的洗碗精；至于装饰品，我特别推荐摆设用的瓷制香菇，鲜红的釉色十分讨喜。

走在木板地上发出咿呀咿呀的声音，感觉特别有复古的气氛，就好像走进储藏室一样，每走一步路都要小心翼翼的。店的后头有旋转楼梯，到了楼

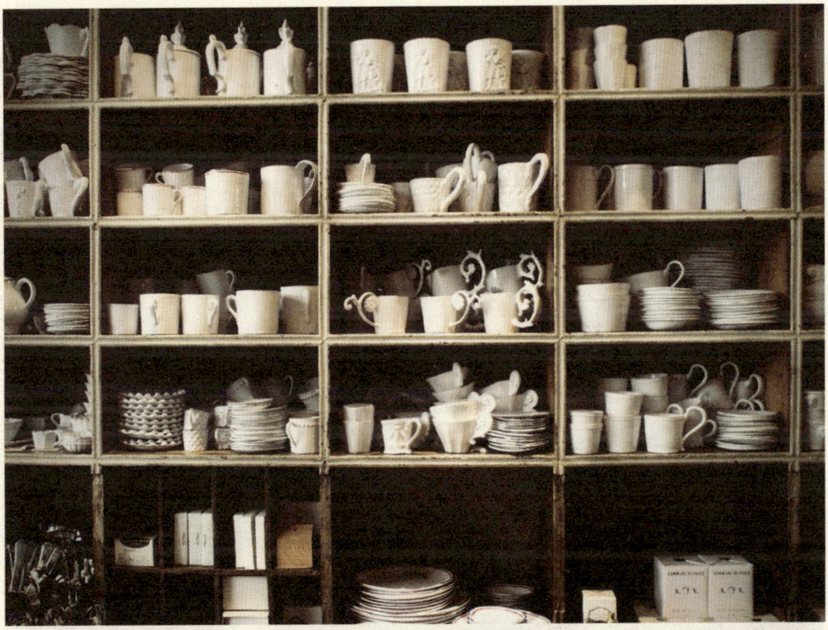

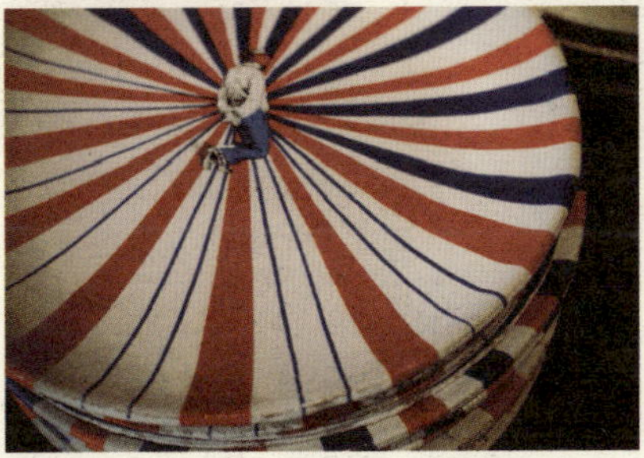

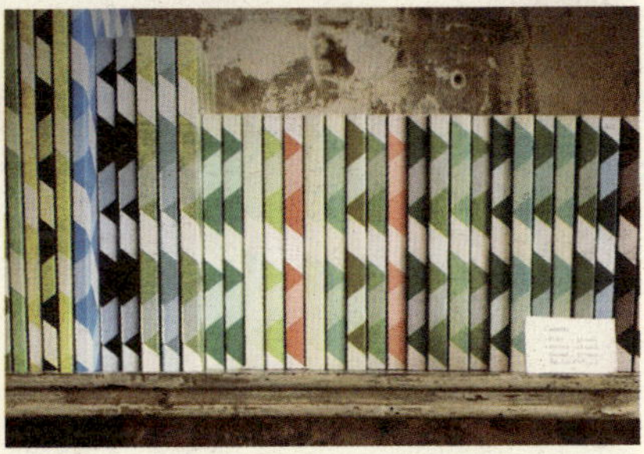

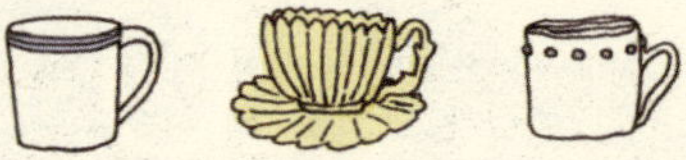

Carte bancaire: 30€
chèque : 15€
I'LL BE WITH YOU IN A MOMENT !
Je suis à vous dans 5 minutes !

VÉNTE
AU

上，可看到不同店家轮流来店里卖东西，上次碰到的是一位日本设计师卖服装，第二次来就没看到了。来到这儿就上去逛逛看吧！颇有老店的味道。

> 地址：173 rue Saint-Honoré 75001 Paris
>
> 开放时间：周一——周六 11:00—19:30
>
> 地铁：Line 1,7 皇宫／卢浮宫站 (Palais Royal - Musée du Louvre)

Ultramod
回到过去，寻找缝线、纽扣和绸缎

　　自1890年设立，是一家历史悠久的手工艺品及裁缝用品专卖店，至今店里都还维持着原本的气氛，让我们好像掉进了中古世纪一般，那地板、天花板和沉重的原木陈列柜，刚毅的深色原木配上柔和的线及缎带，弥漫着一股女性气息，糅合了温柔婉约及坚毅内敛，让我流连许久。柜子里不但有复古的纽扣、缎带及花边，也有新式的设计花样，相得益彰，一点也不会有突兀的感觉，越逛越觉得自己好像来到了手工艺术馆。

　　正对面有另一家分店，专卖复古的帽子，集结了不同年代、不同款式的帽子，特别喜爱帽子的人来到这儿绝对会激动不已。每一顶复古帽都被细心整理得像新的一样，店家的传统手工技艺，可不是随随便便就可以找到的喔！

> 地址：2-3 rue de Choiseul 75002 Paris
>
> 开放时间：周一——周五 10:00—18:00
>
> 地铁：Line 3 九月四日站 (Quatre-Septembre)

Palais Royal 皇家宫殿

把皇家广场当起点的话,可以连到好几个景点,广场前面有杜乐丽公园(Jardin des Tuileries),后面有老佛爷百货,旁边有磊阿勒商场(Forum des Halles),在不远的地方有卢浮宫(Musée du Louvre),广场周围也有很多店可逛,累了可以到皇宫里面的咖啡厅坐坐,有剪成方形的树景,也有各式雕像可让想象力稍微飞驰一下。让我觉得奇怪的是,广场中高高低低、黑白相间的水泥墩是要做什么用的呢?没有人经过那一区时是不为所动的,全都会咔嚓咔嚓拍个一两张相片才行。

Boîtes a musique–Anna Joliet
安娜·卓丽特的八音盒

"叽叽咕咕"

这间店充满了叮叮当当的八音盒声,从超迷你型的到大型八音盒都有,有些有着旋转娃娃,转着转着像是在聆听音乐似的。店里有古典核桃木制的古式八音盒,也有款式新颖的现代八音盒,音乐种类也很多。我喜欢的是,将纸张打洞后作为乐谱的八音盒，只要上了发条一转马上就传出悦耳的音乐，不一样的乐谱会奏出不同的音乐。

地址：9 rue de Beaujolais 75001 Paris

开放时间：周一—周六 10:00—19:00

地铁：Line 14 金字塔站(Pyramides)

Passage
廊街

在第1及第2区有好几条商店街是设在建筑物走廊，其中历史悠久又典雅的就是薇薇安拱廊街(Galerie Vivienne)，那里有书店、古董店及各种小店，装潢风格属新古典主义(neo-classical)，拱形屋顶、入口处的大门及瓷砖地板都还美丽如昔。

如果想到商店多一点、人气旺一点的地方就得去施华尔拱廊街(Passage Choiseul)，那儿有一间大型书店及多家文具店，就藏身在那一带几条商店街里最长的那一条里。

往旁边走几步就到了第2区的蒙特吉尔街(Montorgueil)，这一带以美食闻名，还有以手工艺品出名的大鹿廊街(Passage du Grand Cerf)，整条街都是卖手工材料及工具的商店，这个商店街有两个入口，建议从达素柏街(Rue Dussoubs)这头进去，因为另一头全是知名的情趣商店，刚好插在商店街的正中央。

Galeries Lafayette 老佛爷百货
老少咸宜的百货公司

　　老佛爷百货(Galeries Lafayette)之所以成为人气极旺的百货公司，主要原因是地点绝佳，它位于巴黎歌剧院(L'Opéra Garnier)附近，创立于1893年，我很喜欢里头装饰艺术风格的装潢，有彩绘玻璃屋顶，楼梯的铁制扶手也线条柔美。它是世界知名的百货公司，也是人们记忆中最可代表巴黎的百货公司，内部的摆设及楼层分区也非常恰当，是依照人们的消费习惯及消费年龄层规划的，目前已经成功扩展到国外，德国、摩洛哥、美国及迪拜等地都有分店了。

> 地址：40 Boulevard Haussmann 75009 Paris
>
> 开放时间：周一—周六 09:30 — 20:00，周日营业至 21:00
>
> 地铁：Line 3,9 哈佛-高玛丹站 (Havre–Caumartin)

Printemps 春天百货
如秋季般的明丽

　　Printemps就是春天的意思。我想这儿的春天应该最能让女人眉开眼笑吧！

　　这家百货公司就位于老佛爷旁边，两家百货是互不相让的竞争对手，从门口的橱窗摆设就开始较量了，两家各有各的特色。自1865年创立以来，除了随时间及潮流的变化不断推陈出新之外，这家百货公司的美还被注册登记

125

为法国历史的里程碑之一。

其实，如果要把春天和老佛爷做个比较的话，还真的很难分出高下，连两家公司里的名牌精品可能全都相同，但他们还是很努力找出自己独有的特色，好跟对方有所区别。我个人认为这儿可稍微多得一点分数的地方，就是购物时比较舒服，不用急也不用和其他客人挤，因为观光客较少，让我们可以悠闲又轻松地血拼。

地址：64 Boulevard Haussmann 75009 Paris

开放时间：周一—周六 09:35—20:00，周四营业至 22:00

地铁：Line 3,9 哈佛-高玛丹站（Havre –Caumartin）

Musée du Louvre 卢浮宫
蒙娜丽莎及仰慕者的膜拜圣地

这座位于市中心、前方广场有一座玻璃金字塔的博物馆，以前是菲利浦二世（Philippe II Auguste）最大皇宫的所在地，经过好几次的脱胎换骨，才成为现在世界上规模最大的博物馆，并收藏了许多世界级的画作及雕塑等艺术

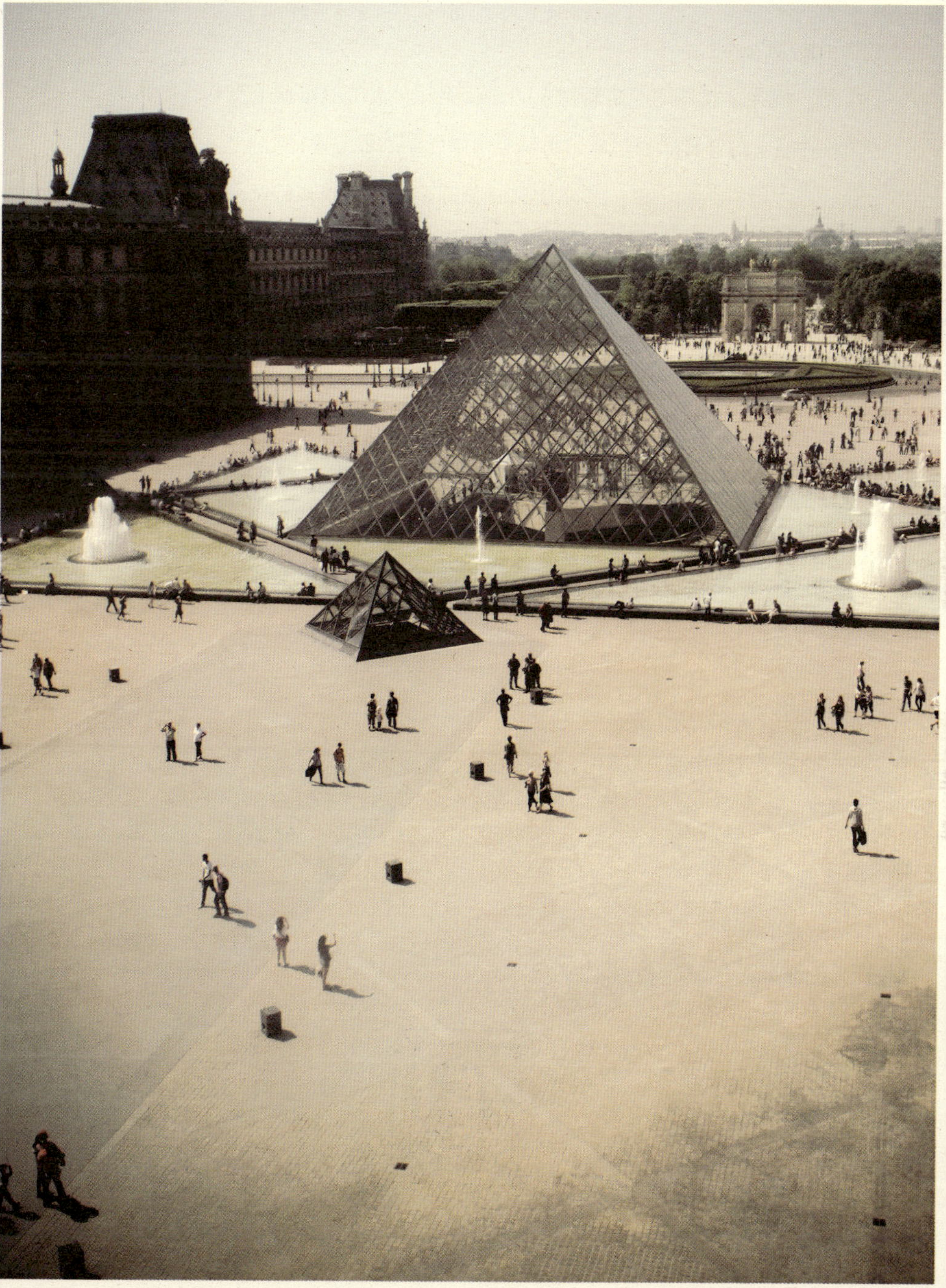

作品。卢浮宫和其他巴黎新建筑的命运相同，盖的时候都受到极大的反对声浪，建好之后又理所当然成为人们心目中巴黎的最佳象征。

卢浮宫的美无法在一天之内就欣赏完，除了所收藏的每一件雕塑、画作及艺术作品皆为旷世巨作之外，博物馆的建筑及室内装潢也美得无法形容，不管是墙上的壁画、楼梯扶手优美的线条图样，还是不同时代留下的柱头，都转移了我们对那在相框里争艳的画作的目光。

终于来到全世界瞩目的达·芬奇巨作《蒙娜丽莎》面前。画作受到无微不至的保护，排队进来欣赏的人挤满了整个展示间，任谁都想亲近这位世上最美的女士，但事与愿违，我们只能远远望着她被隔在玻璃罩里的美丽容颜。我觉得这一切安全措施只破坏了她的美感，若能像其他画作那样让我们慢慢赏析有多好，和别人抢位子，硬挤到最前面最接近她的地方，却只能隔着玻璃看着她，真是有点遗憾。

开放时间：周一、周四、周六及周日 09:00—18:00
周三、周五 09:00—21:45
周二休馆

地铁：Line 1,,7 皇宫 / 卢浮宫站 (Palais Royal Musée du Louvre)

129

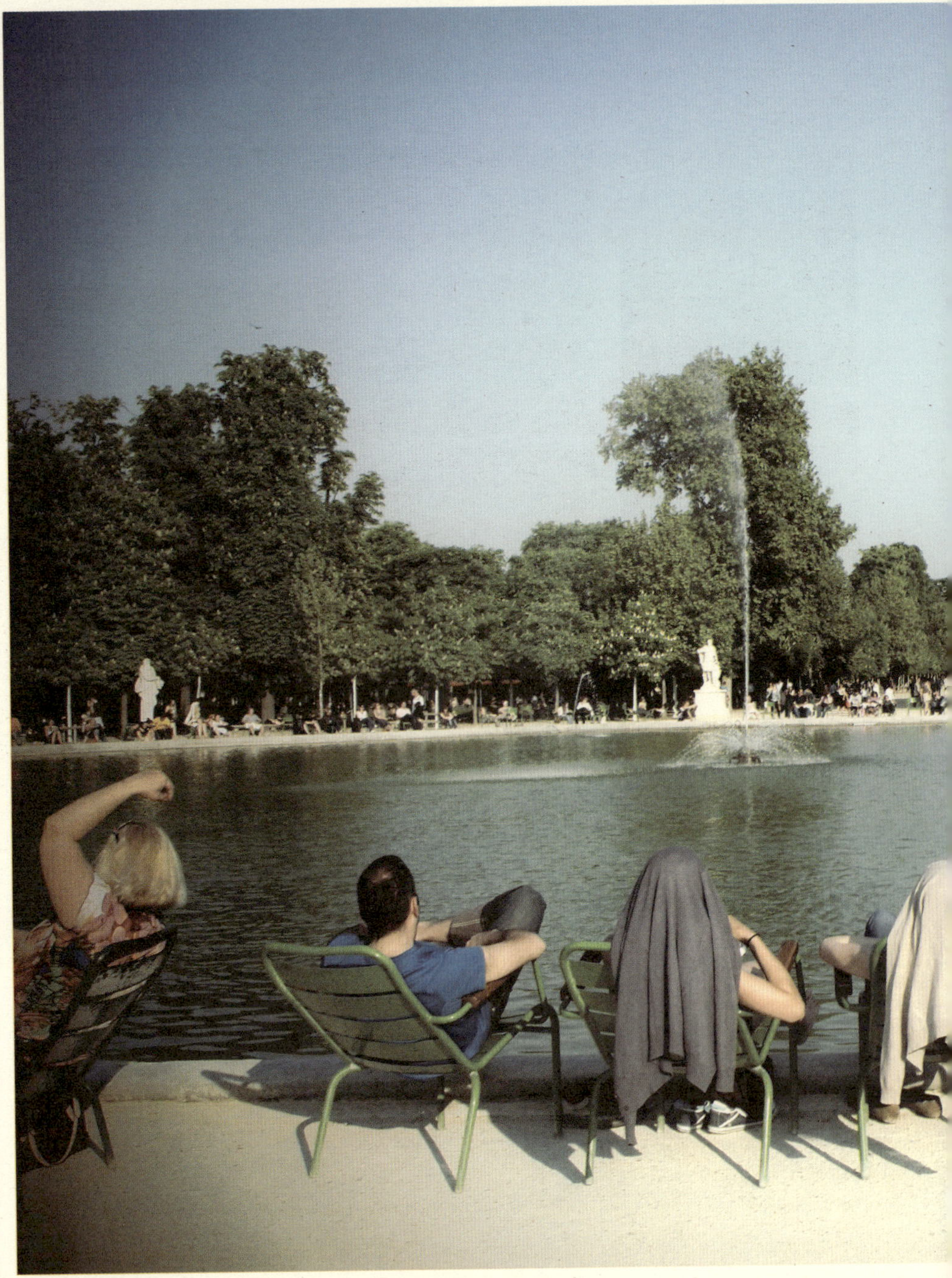

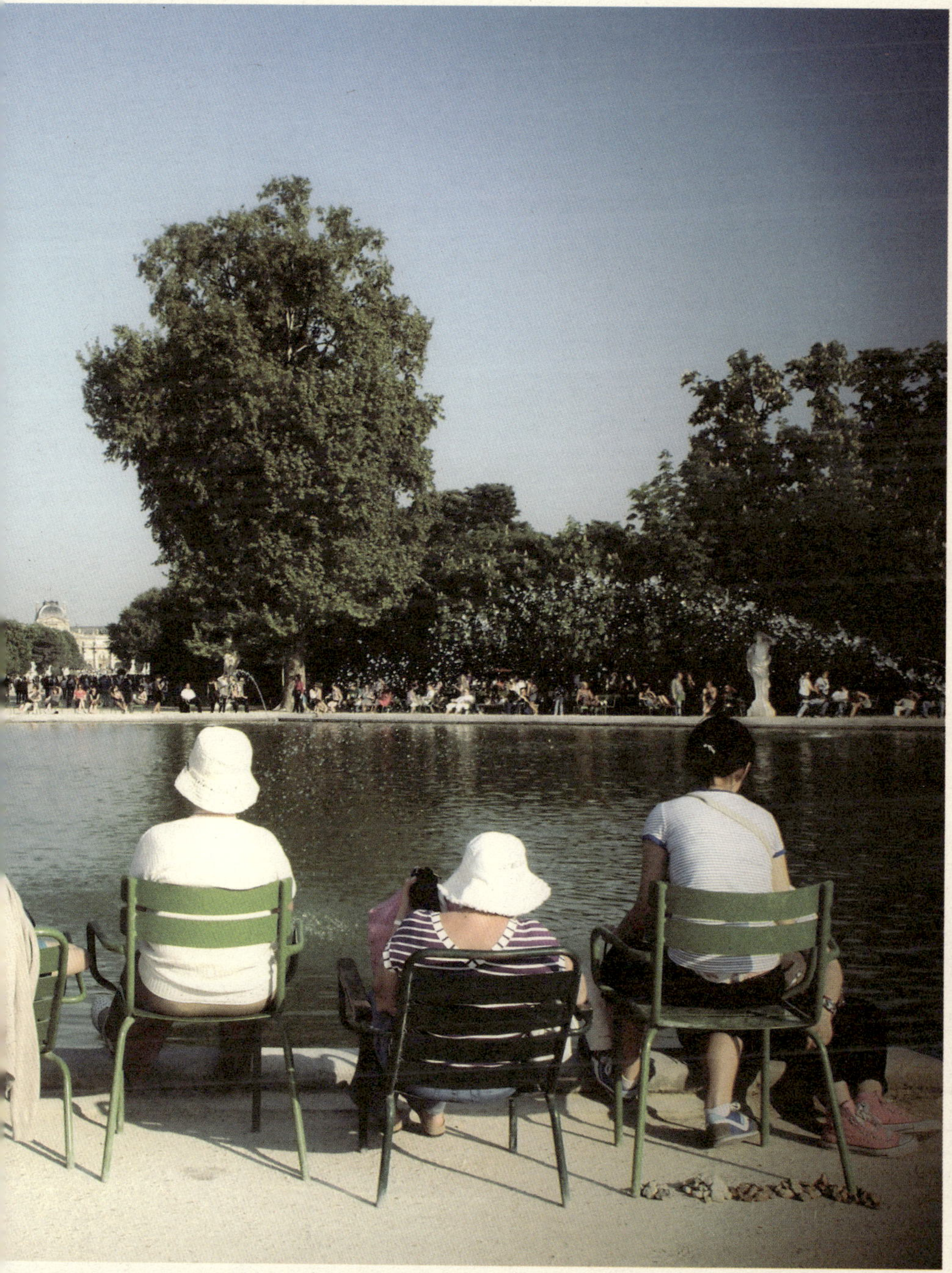

Tu peux venir quand tu veux.

法国制造

Made in France

诞生于时尚之都的个性品牌，
巴黎时尚年轻人的最爱

走在巴黎各条时尚街上，从我们身旁经过的都是穿着讲究入时的帅哥美女，真是名符其实的时尚之都，在这里举办的时尚周决定了全球每一季新流行的穿搭法。除了Chanel、Louis Vuitton和Hermès等世界知名品牌之外，还有不少小品牌也相当引人注目。我挑了几个女装品牌介绍给大家认识，下回再碰见它们时，你就有办法说：喔！我已经认得你喔！

A.P.C.

A.P.C.念成"阿佩谁"，是Atelier de Production et de Création的缩写。

我觉得这是一个有着鲜明法国色彩的女装品牌，属于Casual French Style，强调简单大方、不特别抢眼、居家外出皆宜、样式精简、剪裁细致，风格偏向极简主义（minimalist classic），创始人兼设计师是突尼斯籍人，名叫金・图伊图（Jean Touitou）。他在决定自创品牌之前，曾在Kenzo及agnès b.当过助理设计师，他在时尚界累积的丰富经验让A.P.C.不成功也难，已成为顾客的衣柜里缺一不可、百穿不厌的品牌。

Repetto

　　以芭蕾舞鞋闻名的鞋子品牌。从1947年开始，Rose Repetto这位细心的妈妈，因不忍看到儿子每次练完芭蕾舞都要忍受脚痛的煎熬，开始尝试自己设计缝制芭蕾舞鞋，好让儿子可以轻松地练舞。

　　最后，她成功了。1959年，她的芭蕾舞鞋开始在位于和平街(rue de la Paix)的第一家Repetto贩卖，也从此成为芭蕾舞者买舞鞋时的第一选择。在真正跨入时尚品牌设计前，Ballet Flat这款平底娃娃鞋绝对是保有Repetto芭蕾舞鞋特色的超级明星鞋。

Des Petits Hauts

　　这家店以闪亮的小星星作为商标，由设计师Katia及钟爱星星及粉彩的Vanessa两位小姑娘创立，她们把自己所有的最爱集合成Des Petits Hauts这个品牌，令我着迷不已。她们的衣服设计和颜色都很甜美，图样花纹小巧精致，店内的装潢很可爱，整个就是甜到极点。我最喜欢的分店位于凯勒街(Rue Keller)，这里可说是爱美女孩专属的更衣室及王国，店的后院是个看起来孤零零的小花园，和店里的甜蜜气氛完全不搭，倒也让我们不至于甜过头了。

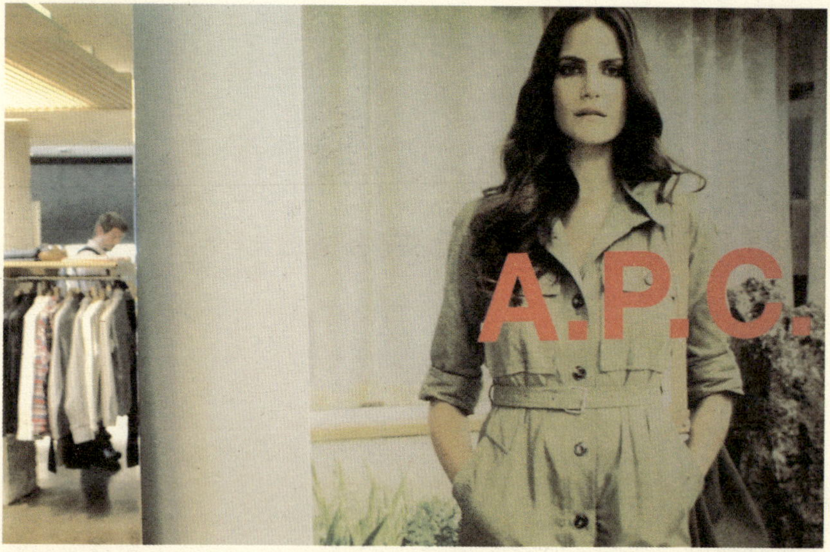
A.P.C.

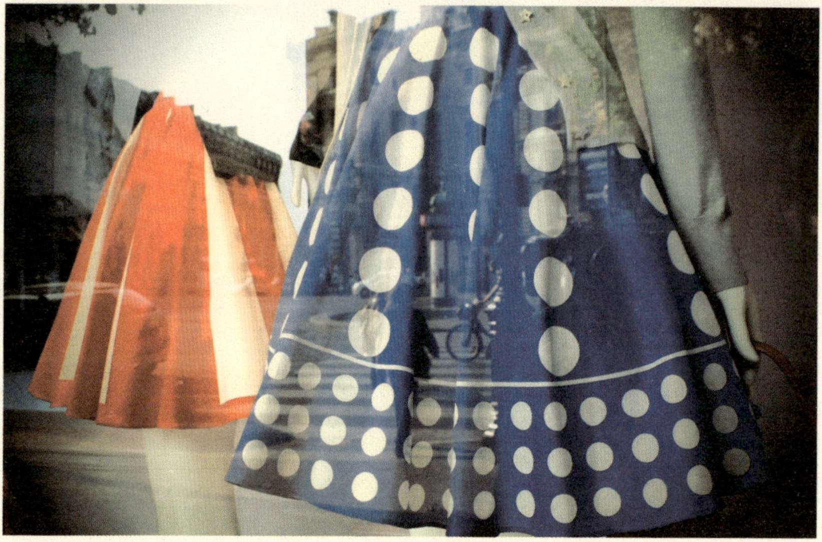

Claudie Pierlot

这个品牌可看到很多心形、圆点和小星星的图样,可说是巴黎时尚年轻人的流行代表风格,款式甜美也偶有鲜丽的色彩及样式,有一点Topshop的味道,虽然规模没这么大,品牌系列及色彩也没这么多样化,却在很多小细节上给人带来惊喜。

Sandore

在每个商场及购物街都可看到Sandore这个牌子,感觉好像是巴黎的Zara一样,是一个在1984年创立的大众流行时尚品牌(high street fashion),在这之前,巴黎只有Chanel、YSL等高级精品,Sandore算是让我们认识什么叫作high street fashion的先驱品牌。它综合了顶级奢华的精品设计,却是一般人负担得起的价格,商品自童装至中年女性服饰皆有,近来也开始有绅士服装,光进一家店就可一次买完全家的衣服。

Tara Jarmon

这是另一个我想介绍给大家的品牌,特别适合那些私底下很小女人又不想让人知道,而且喜欢设计带点童趣的女生,例如:公主领、小碎花、苹果、橘子等图样,他们很贴心地把这些可爱的小图样藏在衣服里。外套及洋装非常正点,也可能会有小蝴蝶结藏在衣服某处,让我们在发现中得到乐趣,还会让我们想着别人是不是也看到了呢!在香榭大道的分店有两层楼,在地下室还可找到小洋装及晚宴装。

CARROUSEL VENITIEN
DU XVIIIme SIÈCLE

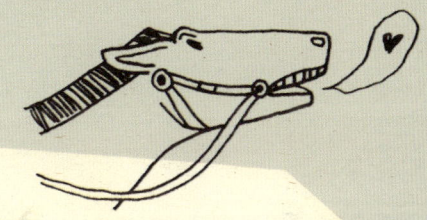

Carousels in Paris
巴黎的旋转木马

卢浮宫、蒙马特和蓬皮杜中心前骑木马，太梦幻了！

如人生般起起落落

　　人生每个不同阶段、每个不同的事件,以及每段际遇就好像是旋转木马一样又上又下的,绕着圈一轮又一轮地转着,随着音乐的节奏起起又落落。同样地,也没有什么可让我们悲伤太久,因为现在虽然是在低潮,过不久就轮到我们运势上升了。

　　如果是巴黎的旋转木马,你就可以坐着它绕整个市区一圈,并且任你挑选要在哪一处又起又落!

　　古典老式的旋转木马一般只能在游乐园里看到,在这里却随处可见,你可以上去坐一坐,也可只在木马前搔首弄姿拍照,在巴黎市内至少有七八处可找到旋转木马。它的魅力不仅是在市中心街道旁就有,还在于有着不同凡响的景观当背景,例如:在杜乐丽花园的木马就以卢浮宫为背景,蒙马特(Montmartre)和蓬皮杜中心前的风景也是一级棒。

　　巴黎每一处的旋转木马又各有特色,有的呈古典风格;有的看起来很有现代感;有些地方的木马心情特别好,边转边露出皓齿展现灿烂笑容;有些

旋转木马的顶端是一匹马，有些类似马戏团的棚顶，棚内天花板的图画也美不胜收。

　　以前我对旋转木马并没多大的兴趣，若在游乐场里看到，也顶多在前面拍拍照，旋转木马带来的经典童话意境，可说是最佳的入镜背景。自从在巴黎看到了三四处的旋转木马之后，我就爱上它了！尤其是在卢森堡花园的旋转木马，以它古典出众的姿态上下奔跑着，不知转了几千几万圈还毫无疲态，依然面露笑容陪伴孩子们开心地嬉闹，那稍微脱落的漆色透露出木马的悠久历史，即使坐过这木马的孩子们一个个长大了，木马依旧在这儿起起落落地带给人们欢乐。

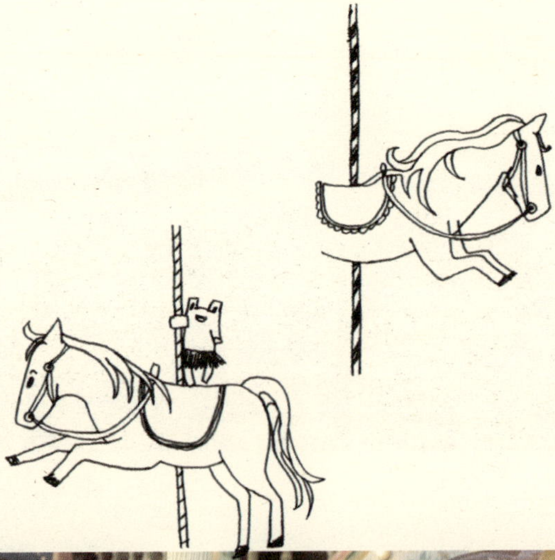

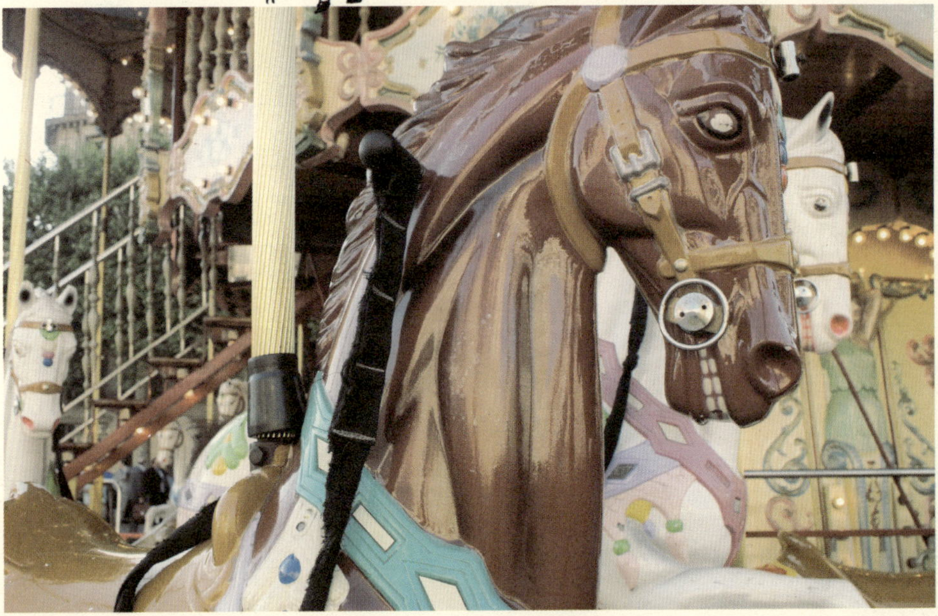

CAISSE

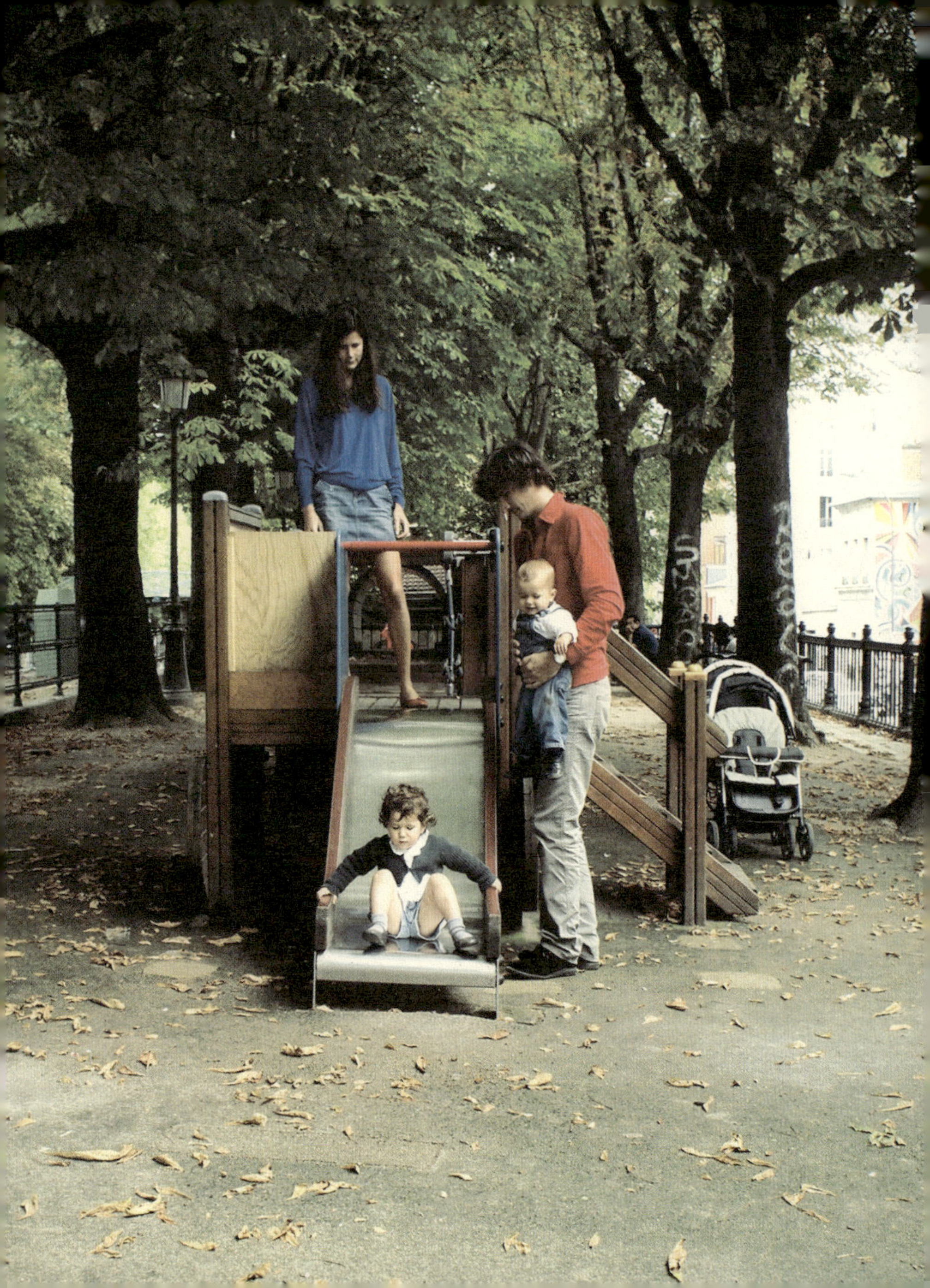

Canel Saint-Martin

圣马丁 运河

在绿树成荫的河岸旁野餐、

喝咖啡、逛设计师小店

146

在圣马丁运河(Canel Saint-Martin)沿岸，让我觉得自己不会骑脚踏车真的好可惜，特别是周日时河岸旁的小道会禁止车子进入，让人可以放心舒畅地在里头闲逛和骑脚踏车。这儿有座小公园，年轻的嘻哈族父母们会带着小孩来这儿玩玩具及游乐设施，河两旁有许多小小的店，以及看起来很有味道的咖啡厅，巷道里还充满设计师们开的展示店，夏天时从下午开始就可看到很多人来河边野餐、做日光浴和畅饮啤酒。

圣马丁运河和塞纳-马恩省河相接，当初挖掘这条运河的目的在于运输及提供饮水，可是依我看，现在这条运河的水可能无法再喝了吧！（笑）不过，沿岸的风光幽雅、绿树成荫，运河上的拱桥是另一特色，站在桥上用广角镜头拍照也别有风味，若想搭船游河，也有观光游船的服务。

Antoine & Lili
嬉皮世界里的三色店

Antoine & Lili 是在圣马丁运河旁的3间同名商店，以3个色系来区隔3个概念，第一间采用粉红色，是这个品牌的创始店，主要针对喜爱色彩鲜艳及大印花服饰的女生族群，强调使用亚洲风格的布料，偏中国风混合了一点尼泊尔风，有自己独特的混搭风格。店里有小礼服，也有一般日常穿的洋装，稍微带点波西米亚风，但是这间店的衣服还不算是我的菜，我比较喜欢绿色店和黄色店的衣服。

位于中间的Antoine & Lili是采用柠檬绿色，专卖和粉红店妈妈服饰风格一致的童装，但是同样风格的儿童服饰就鲜明可爱多了，让人怦然心动。店里还有玩具、鞋子及其他饰品，以波卡圆点花纹(polka dot)及小蘑菇花纹为主，走有点梦幻的路线。有些包包是用印有各式花纹的帆布做的，这种材质十分显眼，有点像泰国用肥料布袋制成的包包，只是它们看起来时尚多了。

位于转角处的黄色店专卖色彩鲜活的家具家饰品，碗盘及杯子都是耀眼的鲜艳彩色，有中国风味的帆布桌巾，配上有点复古感的花纹，马上就变得时髦了起来。

地址：95 Quai de Valmy 75010 Paris

地铁：Line 3，5，8及9共和国站(République)，Line 5杰克·蓬色琼站(Jacques Bonsergent)

Artazart
嬉皮世界里的三色店

这家图文书专卖店被英国生活时尚杂志 *Monocle* 推荐为全欧洲最佳书店喔！店面采用橘配黑的色调，显得特别突出。还不算百年老店，但在圣马丁运河一带非常有名，各类型、各派系艺术相关的书籍都汇集在这儿了，除了有设计、美术及艺术史等方面的书籍，还特别设了一个展示各国艺术家作品的小空间，也贩卖各式设计品、相机、T恤、提包等商品，店里还张贴了在巴黎举行的艺术表演的海报，让有兴趣的人能掌握讯息。我倒比较喜欢童书区，Artazart筛选了强调设计感的图文书和童话书，很适合幼儿到小学的孩子阅读，书里的插图及图案设计很精美，不输给大人的艺术书籍呢！

书真是超多！

MOUNA
(brioche au beurre EXTRA fin
parfumée à la fleur d'oranger,
d'après une recette d'Afrique du Nord)

我告诉你，我可是巴黎
面包做得最好的唯！
哼！

还以为你的历
史有多悠久！

地址：83 Quai de Valmy 75010 Paris

地铁：Line 3，5，8 及 9 共和国站(République)，Line 5 杰克·蓬色琼站(Jacques Bonsergent)

Du Pain et des Idées

仿古式的店面，店门口还放了一本古老的面包食谱，包装又采用古典的锌制金属盒，让我断定这家面包店绝对有一百年以上的历史，结果我被骗啦！

整家店的装潢采用天蓝色搭配黄金质感，店里卖着多种法国面包，再加上我们去的时候已接近打烊时间，仍有一堆人大排长龙，更让我坚信，这家一定是有名的百年老店。没想到，这家面包店在2002年才开始营业，老板Christophe Vasseur原本从事服装时尚业，后来学做面包，在确信自己的手艺纯熟后才改行开面包店，结果一举成功。知名食评杂志 *Gault & Millau* 曾给Christophe Vasseur "巴黎最佳面包师傅"的称号。

店里的面包种类繁多，朋友面包(pain des amis)有点像法国面包，外皮厚，里头松软又带有嚼劲；布里欧修奶油面包(brioche)的特色是奶油及蛋香，口感较为松软；迷你面包(mini-pavés)则有多种内馅及口味可选择。

带着自己喜欢的面包到运河边，尤其是在天气好的午后，配上热茶一起享用，像这样能让时光停滞的慢活时光可是难能可贵的喔！

地址：34 rue Yves Toudic 75010 Paris

开放时间：周一—周五 06:45—20:00

地铁：Line 3，5，8 及 9 共和国站(République)，Line 5 杰克·蓬色琼站(Jacques Bonsergent)

穿插在咖啡馆及众多服饰店之间的是家庭式蔬果店，带着还没被百货公司吞噬前那种有点时光落差的可爱气氛，不管这个世界进步得多快，这种家庭式的杂货店总给人一种温馨的感觉，且保留了一种平实的生活形态，让人不会整个落入凡事皆追求现代的潮流里。

Hôtel du Nord 北方旅馆
让人重回往日的老式酒吧

Hôtel du Nord带着一股复古气氛，应该是现在的酒吧餐厅的先驱之一。

整家店呈现出30年代的风貌，不论是棋盘式的地板、长长的吧台，还是红色绒布幕帘；再配上原木装潢及黑白照片，以及店门前圣马丁运河的景致，风格经典。这里自从被导演马赛尔·卡尔内(Marcel Carné)选作同名法国电影《北方旅馆》(Hôtel du Nord)的拍摄地点后，就一直享有盛名，而且成为这一区的代表标志之一。我很喜欢这种简易中带着一点奢华的感觉，到这里不一定要点昂贵的餐点来炫耀给人看，若只想简单叫杯咖啡，在午后坐在店前的咖啡座放松一下，绝对没人会给你脸色看。到了晚上，酒吧旁有游戏间让大家消磨时光，要不然，在吧台前久坐也颇有气氛喔！这家店一直开到半夜1点半才打烊。

地址：102 Quai de Jemmapes 75010 Paris

开放时间：每天开业，咖啡馆部分 12:00—15:00 及 20:00—24:00
酒吧部分 09:00—01:30

地铁：Line 5 杰克·蓬色琼站(Jacques Bonsergent)

154

Thank God I'm a V.I.P.
因为我是重要人物

我爱死这家复古风服饰店的店名了,直接点出理念又带点戏谑。就是啊!任谁都想得到贵宾级的待遇。老板席薇亚・钱德尼尔(Sylvie Chateigner)本身是时尚界有名的派对达人,她非常清楚这样的心态,所以店里漂亮时髦又有品味的品牌服饰人人都买得起,每个人在这里都能当上VIP。

Thank God I'm a V.I.P. 店里服装及饰品的陈列,可说是平凡中带点不平凡,依色系来区隔商品,动线流畅,每一件都是经过精选的极品,任何人看了都会满意,而且东西高贵不贵,看了绝对会马上紧抓不放。

地址:12 rue de Lancry 75010 Paris

开放时间:周二—周日 14:00—20:00

地铁:Line 3,5,8及9共和国站(République),Line 5 杰克・蓬色琼站(Jacques Bonsergent)

coquito
coquito
la cocotte
tablier
(apron)
la cocotte
coquito
la cocotte
coquito
la cocotte
torchon
by la cocotte
LE GUIDE
DE DÉGUSTATION DE
L'AMATEUR
DE THÉ
agatha
christie
WHOOPIES

La Cocotte

厨艺世界

厨艺爱好者必访！和睁着大眼睛的小母鸡一起下厨

La Cocotte

这个地方是我在自己的手札上标记的必访之处，还仔仔细细把地址记下了呢！La Cocotte有一点特别吸引我，让我在一本杂志上瞥过一眼就牢牢记住了，那就是这家店的代表标志——有着甜美眼睛的母鸡，光是这个原因就让我不辞千里地来找它，让我一定要亲眼看到它，看看它的眼睛是不是真的那么甜美，还是只是比较上相而已！

现在，我们终于来到La Cocotte这个由安德里亚·薇娜(Andrea Wainer)和她的好友们创造的小世界了，她们本着对点心、书籍和各类食谱的热爱及迷恋，再加上图形设计的背景，自己着手设计规划，4年前终于开了这家La Cocotte。

对于Andrea Wainer的喜好及品味，我很有信心也非常敬佩。越近距离接触，越感觉这间小店其实是厨艺爱好者的浩瀚世界，让人可以徜徉在来自世界各地的饮食宝典中。在店主用心营造下，店里的气氛非常温馨，每一样东西都让人有宾至如归的感受。店的正中央有一张长桌，大多是举办点心烘焙工作坊时使用，或让喜爱厨艺的同好们在这交换心得、互相传授私房秘诀。连我这个并非厨艺lover的人，也可以从浏览精美的食谱，以及把玩安德里亚精心挑选的漂亮烘焙用具中得到乐趣。各式花样的蛋糕模具，还有那印上甜眼鸡图样的可爱围裙及擦手巾，都很吸引人的眼光，让很少进厨房的女孩也想穿上它走进厨房试试身手了。

地址：5 rue Paul Bert 75011 Paris

开放时间：周二—周六 10:30—19:30

地铁：Line 9 查罗恩站(Charonne)，Line 8 费代尔布-沙利尼站(Faidherbe- Chaligny)

保罗伯特街(Rue Paul Bert)位于第11区，是一条短短的小街，如果向巴黎的年轻人询问这条街，他们可能会一脸迷惑。那就改问地铁费代尔布－沙利尼站(Faidherbe-Chaligny)或查罗恩站(Charonne)，也许年轻人的眼神就会稍微清晰一点了，但若要让他们马上眼睛一亮、立即想到的话，就得说是在离巴士底站(Bastille)不近也不远的地方。

　　巴士底广场(Place de la Bastille)是一个跟法国国庆节（七月十四日）有关的历史圣地，现在这一区充满了餐厅、pub和酒吧，有着五光十色的喧闹夜生活，一点也无法联想到这儿曾是自14世纪就存在的老监狱。这里有一座为了纪念法国大革命而树立的七月柱(Colonne de Juillet，或说July Column)，从1830年就伫立在此，顶端有一个金色的自由女神像。巴士底狱事件后，这里就成为世界著名的自由象征之一，依我看，现在所谓的自由，大概只剩巴黎人每到夜晚就迫不及待想纵情享受的极乐自由了！

叽叽咕咕

我第一次专程造访La Cocotte，因为不知每周一固定公休而无法进去。大失所望的我，沿着街漫无目的走到保罗伯特街(Rue Paul Bert)的尽头（听起来好像走了很远，其实很近），结果塞翁失马焉知非福，反而遇到了几间可爱的店家。

第一间店的店面好小好小，店大概不到2米宽，里面有一部坚守岗位的机器，我向正忙着操作机器的大叔级老板询问，才知道这部机器叫Lithograph，用来修缮古老的石板画，老板还把一些拿到店里来修的画秀给我们看，可惜我把他的名片弄丢了，没办法告诉大家店名，大家若看到深红色的门及门里的工具，就进去和老板打个招呼吧！

接下来是Les Pékelets，这是一间概念店，我给她取名为"梦幻"。店里有一些古怪的装饰品，例如：填充兽头挂饰，如果在其他地方可能就会展示真正的兽头来耍威风，宣告这可是我的战利品；但Pékelets挂的兽头却是毛茸茸的填充玩具，要不然就是斗牛犬填充娃娃的头部，我们还可以在店里的各个角落找到一些外观奇特的装饰品。

这里卖的全是Judith Sarfati亲手做的手工制品，刚开始只在网络上卖，后来才开了这家店，店里也卖衣服及装饰品，也就是店里装潢用的那些装饰品。

除此之外，它还是一家咖啡馆，有一条小小的阶梯为密道，在柜台后面往下通至厨房，每周这儿都会举办工作坊，说故事或教小孩和年轻妈妈做手工艺品，这个地方就像自家的客厅一样，适合让小孩子来参加活动，也适合年轻的妈妈们来交换育儿心得，还可边喝茶边吃巧克力、可丽饼。

夹在 La Cocotte 及 Les Pékelets 中间的是阿根廷餐厅 Unico，这家店堪称"牛肉达人"，装潢走70年代的复古风，超美的。开放时间分2个时段，午餐从12点半到2点，再来就直接跨到晚餐时间，从8点到11点。

Les Pékelets : 20 rue Chanzy 75011 Paris

保罗伯特街(Rue Paul Bert)走到尽头和另一条路商西街(Rue Chanzy)交叉的地方，会看到一间粉红加紫色的店叫 lilibricole，本来我猜这一定是咖啡厅，要不就是礼品店，结果仔细一看才知道不是！店里每一个人都专注地忙着自己手上的工作，而且每个人都穿着围裙，店四周全是尚未铺好的瓷砖、还没贴完整的壁纸，粉红色墙角处有一般修水电用的工具，看起来甜美又带点阳刚。好不容易才搞清楚，原来这儿是专教妇女及小孩手工艺及进阶DIY的学校，教的可都是重量级工艺，像是铺浴室及厨房瓷砖、贴壁纸、刷油漆、修补屋顶，连使用钻凿机的课程都有，就是要你以后都不用再求那些水电工啦！我们站在外面偷看那些正在上课的女学员，有的正在互相讨论，有的在教室另一角和老师一起欣赏自己刚铺好的瓷砖作品。

162

接下来,就开始探索往大街道该怎么走了,从查罗恩(Charonne)这站一直到凯勒街(Rue Keller)这一带让我有点惊喜,这条小巷子里什么都有,有儿童服饰专卖店、流行服饰店,竟然也有巴黎年轻男女的道具服(cosplay)专卖店,我到现在都还搞不清楚这几家店怎么会开在一起呢! 这几间店里我最喜欢的是Des Petits Hauts,服饰风格甜美中带点中性的冷色调,进到店里让人觉得耳目一新。

其实Des Petits Hauts在巴黎总共有9家分店,我也曾造访过好几家,在所有分店里,陈列摆设最能突显品牌个性及风格的就是凯勒街这间了。这是设计师Katia及Vanessa的第一家分店,陈列及摆设就好像是自家的更衣室一样,有一座可爱的小衣柜,有试穿间和休憩用的长椅,让你可以慢慢挑选。店的色调以粉彩为主,再加上柔软的纯棉风,开襟外套(cardigan)款式低调不抢眼,最重要的特色是Katia特意在每件衣服上都设计了星星图案,毫无疑问的是,所有元素搭在一起后还是可以那么可爱。

喔!店里还有日本mt牌的纸胶带,也卖一些日本进口的小物,更增添了它的可爱,让这家店的法国风格混入了一点和风。

从巴士底站(Bastille)搭第5线地铁到奥贝肯夫站(Oberkampf),下车走过大马路就会看到小巷子,只要注意看波潘库市场路(Rue du Marché Popincourt)的路标就不会迷路。这一带是二手货广场,有很多家具店,使得这儿有一股现代又复古的气氛,还有餐馆、酒吧和烘焙店也全聚集在这个广场上。这一带的店外观颜色都很甜美可爱,而且所有店家好像有默契似的,都把店漆成不一样的颜色呢!

Des Petits Hauts: 5 Rue Keller 75011 Paris

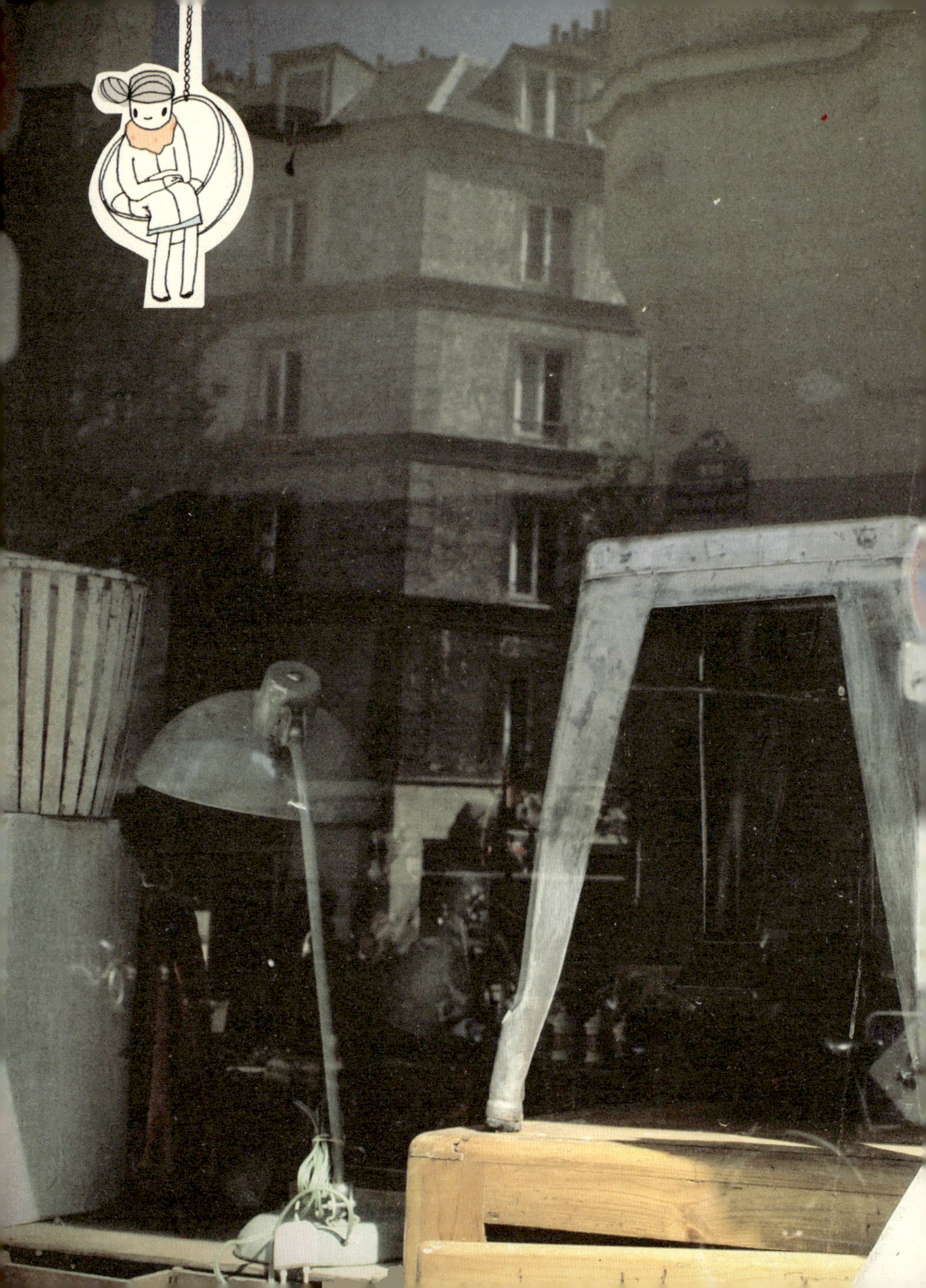

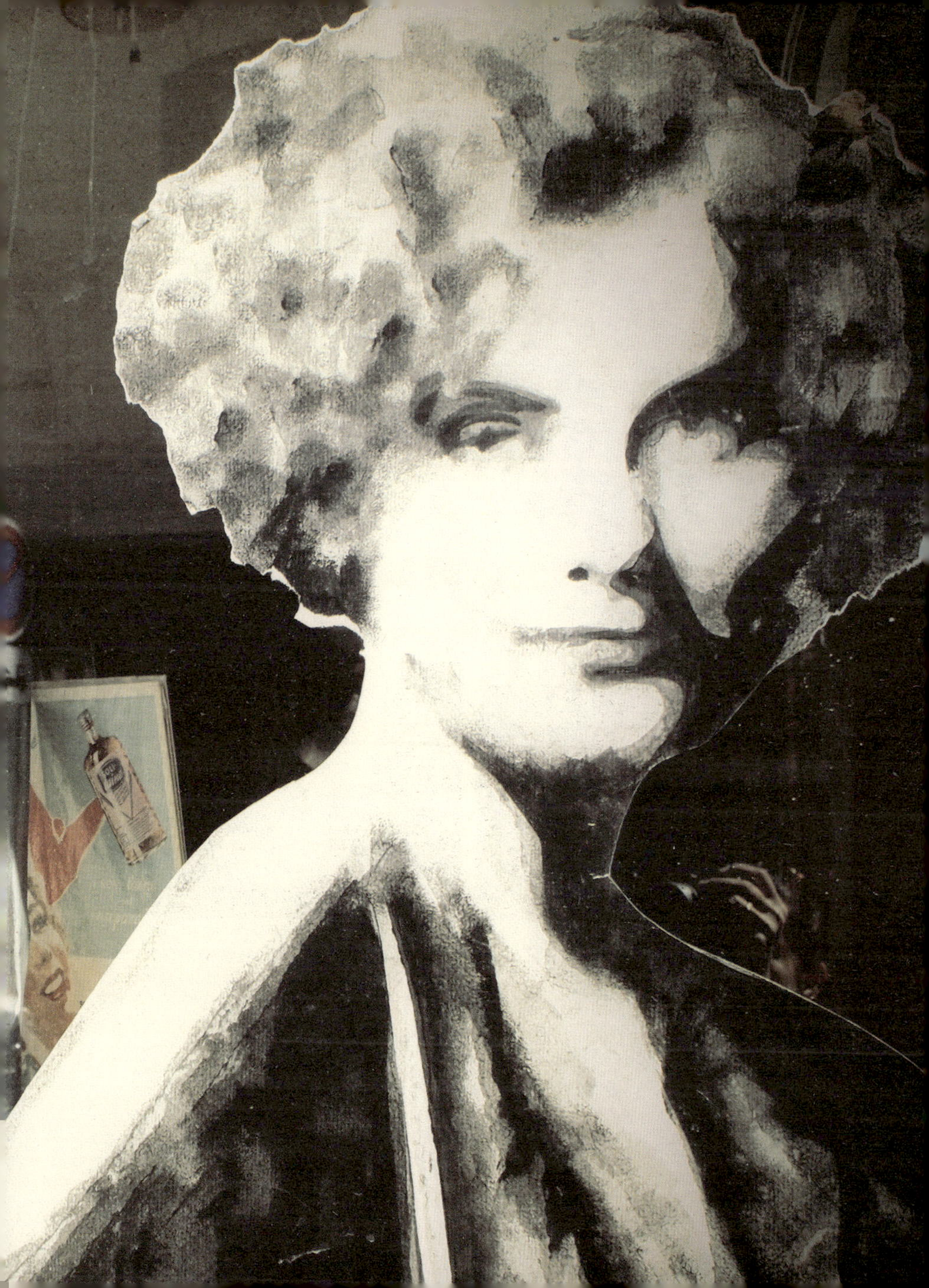

波潘库村(Village Popincourt)里的店家经常有变动,开店时间也多半随老板高兴,去之前可先到网站搜集信息。

http://www.villagepopincourt.com

Trolls et Puces / Belle Lurette

这是此区的一间大型复古家具店，是5个贸易商合开的。店门看起来破破旧旧的，很容易让人误以为这家店已经关门大吉了，其实不是喔！只要透过半掩的门，就可看到里边有人走动。老板喜欢把家具拿到店门口打磨抛光及修补，进去逛可看到从50到70年代的古董家具，有欧洲风和来自斯堪地那维亚（Scandinavia）的设计。某一角特意摆着华丽家具，营造出一种有着水晶灯饰般的奢华风格，另一角却堆着老旧家具，看起来好像是储藏室一样；这一区专门放置大型家具，另一区就陈列小型家具和装饰品，像是瓷器和杯盘之类的东西，看起来非常浪漫甜美。这里还兼营旧家具修复，我真是为老板大叔放置工具那个角落感到佩服，看起来好有权威又好专业。

地址：5 rue du Marché Popincourt 75011 Paris

开放时间：周二—周五 12:00—19:00，周六—周日 14:00—19:00

地铁：Line 9 至安布罗斯站（Saint-Ambroise）

Alasinglinglin

这家店的陈列摆设时常更换，3个老板勤于发掘新的斯堪地那维亚风格的家饰品，店里有好几件风格特异的家具。这家的陈列摆设不繁复，放置的物品很少，风格简约，和所卖的家具很搭，要记得这间店的代表色是蓝色喔！

地址：1 rue du Marché Popincourt 75011 Paris

开放时间：周二—周五 12:00—19:00，周六—周日 14:00—19:00

地铁：Line 9 至安布罗斯站（Saint-Ambroise）

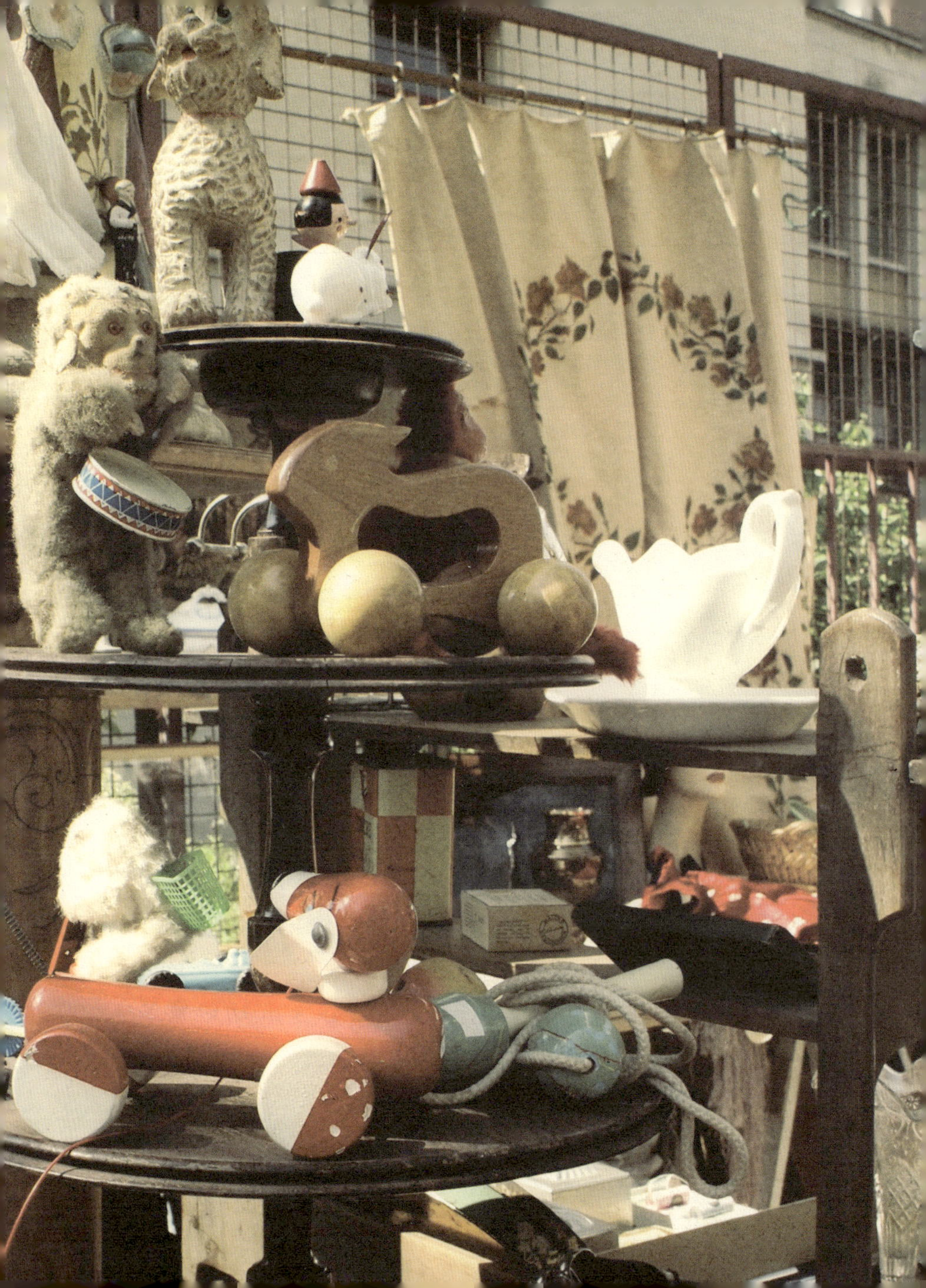

Marché aux Puces de la Porte de Vanves

梵维斯跳蚤市场

如果说巴黎是流动的盛宴，这里就是流动的博物馆。

170

Marché aux Puces de la Porte de Vanves

梵维斯跳蚤市场
街边博物馆

　　除了Marché aux Puces St-Ouen de Clignancourt是喜爱逛市集和爱好复古物品的人熟悉的著名老市集之外，这是另一个名声不输给前者的老市集。

　　梵维斯跳蚤市场算是在巴黎市区内唯一的老市集，是摆设在马克桑尼埃街(avenue Marc Sangnier)及乔治拉弗内斯特街(avenue Georges Lafenestre)这两条街旁边的露天市集，这里的小贩都很努力地把东西堆到车上载到市场来，然后在后车厢做买卖，他们搬来装满一车又一车的货品，种类繁多，货品也有大有小，整个看起来像是一排篷车队。这个老市集保证名不虚传，所有老市集该有的东西这儿绝对少不了，连18世纪的家具都看得到，古老的木制相框也多到数不清，家饰品更是一堆。另外还有厨房瓷器用品，包括我最爱的拿铁碗在这儿也有专卖店。若你喜爱珐琅质感的杯壶，在这儿有很多供你选择。把古老的凸版活字印刷(letterpress)图章排在托盘上，也是一种时髦的室内摆设，用特殊材质装订及制作书皮的古董书美得让我爱不释手。还有就是古董洋娃娃，也多得不得了，有模样可爱的，也有模样可怕的，全混在一块儿，看你是喜欢可爱型还是喜欢惊悚型的，都随你挑。

　　再来看看服饰的部分，这里有各式各样的蕾丝花边、布料、缎带、纽扣、帽子和洋装，而且各个年代的都有，有挂着的，也有平摆的，还有放在箱子里的，如果想要找到还完好如新的东西，可能就需要一点耐心了。想买材料把衣服装饰成复古风格的话，这儿也有许多配件，你所需要的就只是时间了。一共有300多家店在每个周六、周日轮番到这里设摊，卖的全是二手商品。我很喜欢这儿摆摊的方式，除了摆桌陈列外，也有些店家直接打开后车厢做起生意，甚至连一旁的行道树也充当陈列架。有些街上的商家也会摆出二手货，而且看起来还是费了一番心思摆的喔！这儿除了有许多人贩卖二手商品及古董，还有专修古画或古董家具等旧货的店，而且店里的工匠全都是这方面的专家。我觉得来逛这样的二手市场，除了能忘情悠游之外，还可以透过那些二手商品，学到不同年代的历史呢！

地址：avenue Marc Sangnier 及 avenue Georges Lafenestre 75014 Paris

开放时间：周六 及 周日 07:00—17:00

地铁：Line 13 梵维斯站(Porte de Vanves)

173

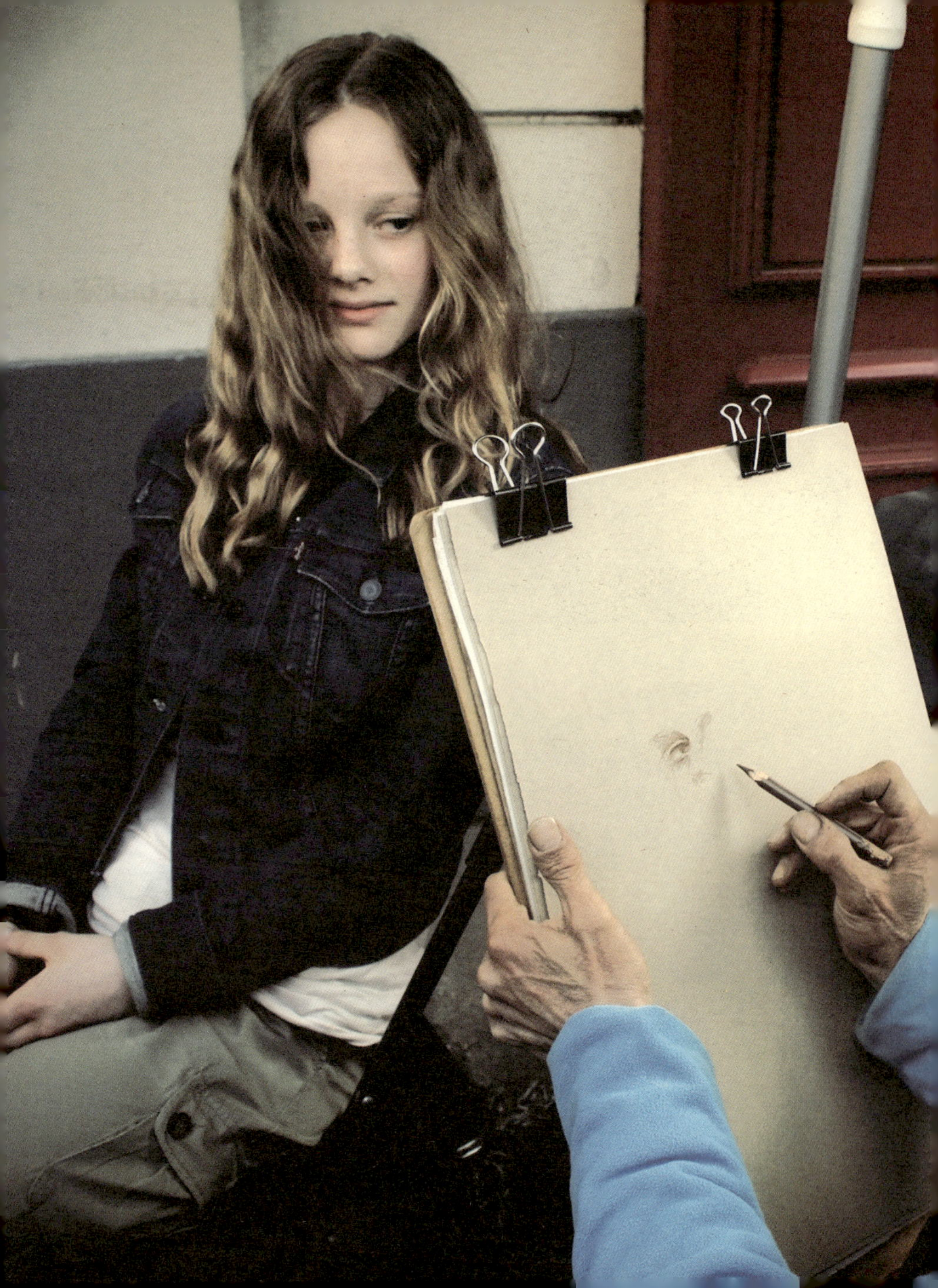

让毕加索和梵高追梦、让艾美丽幻想的地方

Montmartre
蒙马特

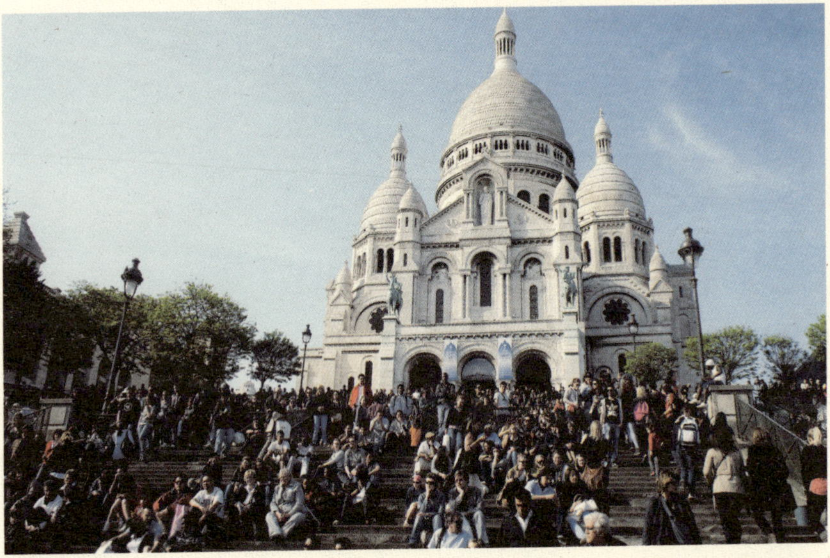

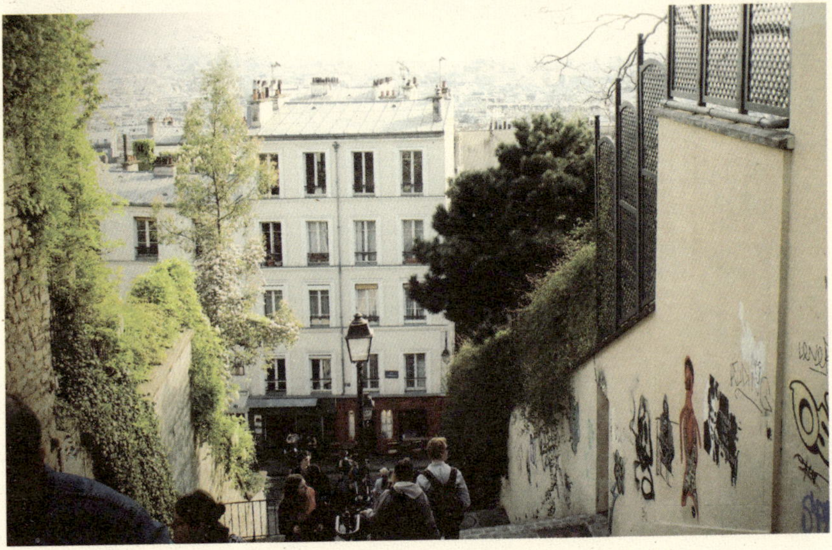

带着一颗神圣的心俯视巴黎

　　说不定哪一天，在这一带收钱帮人画像的艺术家会成为像莫内、梵高或毕加索那样的世界级艺术家喔！

　　这个巴黎的最高点高130米，充满了有关信仰、爱情、梦想及坚贞的故事，也是游客络绎不绝的观光景点。这座山丘以圣德尼(Saint Denis)这位为了宣扬基督教而殉教的传教士为名，当时罗马的信仰还是崇拜太阳，因此传教士Denis在这座山丘上遭人砍下头以供奉给太阳神。传说这位教士在头被砍下之后，还提着自己的头颅继续走着传述基督的教诲，直到咽下最后一口气。在那之后，Denis被后人尊为圣人，这座山丘也因此被命名为"Montmartre"（蒙马特），意为"Mountain of Martyrs"（殉道者之山）。

　　在山顶上有一座白色的大教堂，就好像是圣洁的象征。这座圣心堂(Basilique du Sacré-Coeur)是为了纪念在法俄战争中数以万计的殉难士兵而建造的。

　　时光从远古转换到现在，蒙马特让我觉得这儿从来不曾陷在悲伤中太久，从来不曾寂寞过，也从来不曾远离人群，这儿永远有新的历史及新事件交错发生。在圣心大教堂前仍有满满的人潮、人们的笑容及欢乐的笑声。在有阳光的日子里，这儿就像海滩一样，有人来做日光浴；也像是自家的后花园一样，可以铺上草席或坐或卧地休息看书；又像是剧院，让业余表演家有表现的场所；还是小朋友们可嬉戏追逐的广大游乐场，更是一扇宽广的大窗户，有着我们永远都看不厌的巴黎美景。

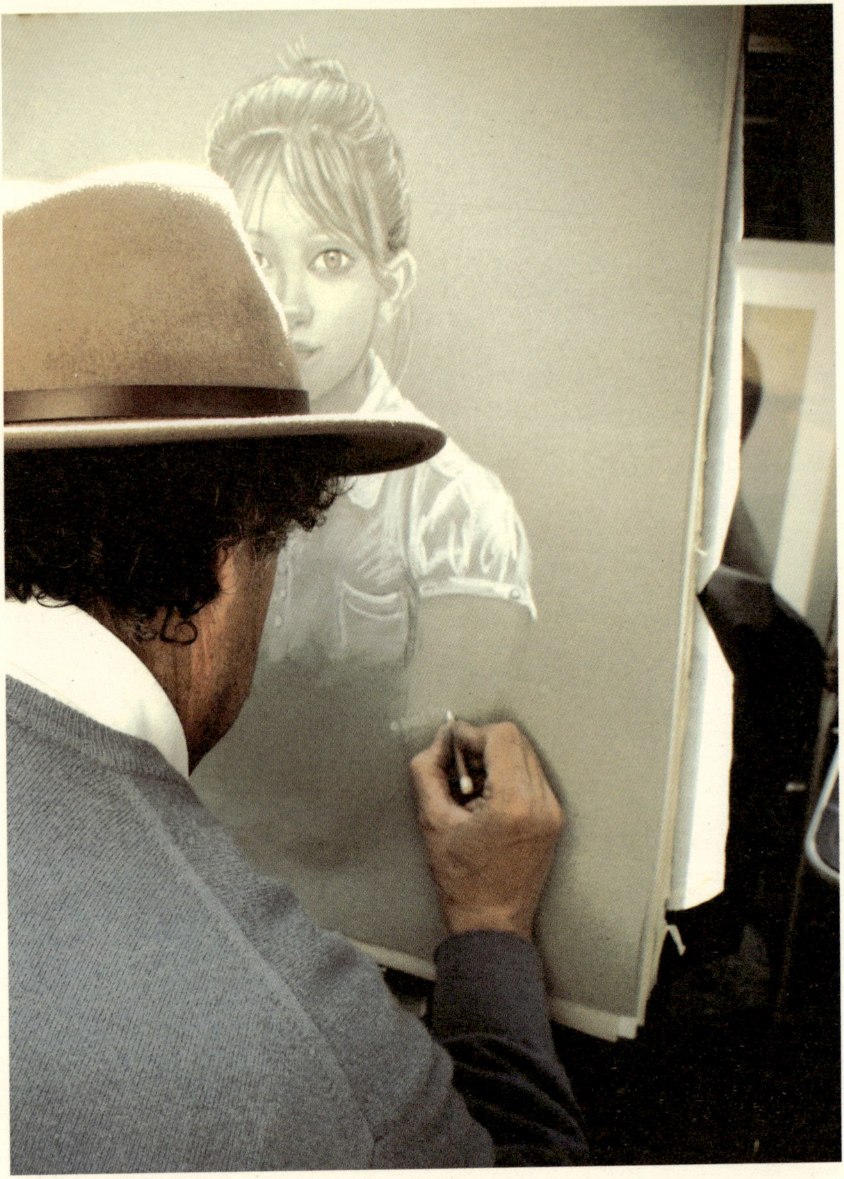

圣心堂旁有个小丘广场（Place du Tertre），附近聚集了许多画肖像的艺术家及画匠，所以也常常有游客来光顾，兴高采烈地当模特儿，若喜爱某位画家的风格，就可坐下来摆好姿势让他马上动手作画。自19世纪以来，就有世界知名的艺术家在还没出名前到这一带设立工作室，如毕加索和梵高两人即是。直到现在，这儿仍弥漫着旧时的艺术气氛，以及所有来到这儿的艺术家的共同梦想。广场周围都是餐厅和咖啡馆，可让人坐下来休息，如果不挑剔或不怕旁人太多的话。

从阿贝斯（Abbesses）这站有好几种方式到圣心堂，我建议大家跟着人群走，这个方法最简单了。往教堂最顶端看过去，如果能看到世界最大的钟——萨瓦钟（La Savoyarde），那就走对了，沿途都是卖纪念品的小店、咖啡馆及餐厅。也可以搭电缆车，直接使用所持的地铁票就不需再另外付款。还可搭30分钟一班的有轨电车，可由布兰其（Blanche）地铁站、红磨坊的对面搭车。另一条是靠我们瘦小的双腿步行的路线——佛耶帝页步道（Rue Foyatier），如果从步道的最高点往下望，尤其是在太阳下山的时候，那景色简直就像是世界级大师的风景画。

吱吱咕咕

阿贝斯站出口是个古老的拱门，是新艺术建筑师艾克特·吉马赫（Hector Guimard）设计的新艺术风格作品，目前在巴黎已不多见，但是这个地铁站拱门仍维护得很好。

另外，这个地铁站附近的广场上，有很多街头艺术家在表演，增添了不少节庆的气氛。阿贝斯广场（Place des Abbesses）是一个小小的公园，公园里有一面可以做爱情告白的大墙——爱之墙(Le mur des je t'aime)，写在上面的语言超过300种，要找到各国的"我爱你"并不难喔！

叽叽咕咕 第18区

Marché Saint-Pierre 圣皮耶市场（毕加勒区）
这个布料市场可没有印度商人叫你老板喔！

我曾经去过东京、韩国的Pahurat（Pahurat是曼谷著名布料市场，有小印度之称），这次让我们来闯一闯巴黎的Pahurat吧！

蒙马特这一带的布料专卖街已有久远的历史了，这里是所有布料和各种裁缝用材料的集散市场。有人开玩笑说，如果来这里买布，要早早回家，布店也都不会太晚打烊，因为旁边有一区叫作毕加勒区（Pigalle），是有名的夜总会及情趣专卖店区，充斥着和布料生意扯不上一点关系的东西。在布料市场，从早上到下午都可看到婆婆妈妈、妇女同胞和学服装设计的学生，有小间的布店，也有大型整栋的店，布料也应有尽有，感觉就像是泰国的Pahurat，只是没有盘着头巾、骑着伟士牌机车的印度人罢了。

这里规模最大的商店就是Dreyfus Déballage du Marché Saint-Pierre（直译为圣皮耶市场的德雷福斯之箱），是一栋6层高的大楼，就和泰国Pahurat的ATM百货行一样，每一层楼分别卖着不同种类的布料，上面几层专卖装潢布料，例如：用来制作家具或窗帘的印花帆布。还有一家Tissus Reine，规模也不比这家小。

这种较大型的布店购物方式是先选好想要的布料，然后告诉在旁服务的售货员，他们会将你所需的型号和大小长度写在单子上给你，你再拿着单子到收银台付款，付款后则另有服务员照单子裁好你要的布料，最后才是取货。

还有一间手工艺用品专卖店Moline Mercerie自1879年起即和这一区相伴至今，店里卖所有和裁缝及装潢相关的材料，不只有服饰，家居装潢用的器材、洋娃娃、花、各种绳子及缝线这里也全都有。这家店还有一个小小的角落，专卖从日本和美国进口的印花棉布。负责这一区的大姐透露，法国制的棉布较少也没进口货漂亮，但如果提到蕾丝花边，还是法国的质感最好了。

Dreyfus Déballage du Marché Saint-Pierre
地址：2 rue Charles Nodier – F 75018 Paris
开放时间：周一一周五 10:00—18:30，周六 19:00 关

Tissus Reine
地址：3-5 St. Peter's Square 75018 Paris
开放时间：周一 14:00—18:30，周二一周五 09:30—18:30，周六 09:30—18:45
地铁：Line 2 安维斯站 (Anvers)

Moline Mercerie
地址：2，4，6 rue Livingstone 75018 Paris
开放时间：周一一周六 09:45—19:00
地铁：Line 2 安维斯站 (Anvers)

Café des 2 Moulins 双磨坊咖啡屋

以艾美丽的眼光来看，
这个世界实在太美好了

我有一件怎么样都无法拥有特殊能力的事，那就是看电影。我几乎无法记得电影的每个细节，看过以后，只会记得自己喜欢或不喜欢这部电影的原因，有时受到一部电影的某个桥段感动，再看一次时，还是可以像没看过时一样被同一个情节打动，要等到看了好几段，才能记起剧情。

然而，电影《天使艾美丽》(Amélie)里有一幕我怎么也忘不了。艾美丽在咖啡厅里工作，正端着盘子给客人送餐时，男主角正好开门走进餐厅，艾美丽见了就害羞得成一摊水了。我到现在都还能清楚记得这一幕，因为艾美丽实在太可爱了，她的害羞模样，也是很多女孩子巧遇暗恋对象时的表现，我们真的会觉得自己好像要当场融化了，而艾美丽就是在这个咖啡厅融化了。

　　这间咖啡厅开在街道的角落，秋天时会把咖啡厅的门整个打开让空间通畅，冬天时还会替客人准备保暖的毯子。室内装潢成50年代风格，咖啡厅的名字包含了两座磨坊，都是这一区的地标红磨坊（Moulin Rouge）及煎饼磨坊（Moulin de la Galette）。其实这家咖啡厅和其他咖啡厅没什么两样，但因为有了电影加持，整个都变了。

　　几乎每个进来这间咖啡厅的人都会在脖子上挂着一项武器，或放在包包里，那就是照相机。我尽情发挥我的想象力，其中会不会有人就是电影里的人物？站在吧台旁的男士是不是就是男主角？在柜台后面没看到熟悉的香烟架，只看到已成为咖啡厅标志的艾美丽电影海报，还有偷偷放在柜台的小矮人。

　　对我而言，到这里的乐趣就是偷偷观察咖啡厅里的每一个角落，然后和记忆中电影里的场景作比较。洗手间里有个小小的陈列柜专放有关电影的东西，还放了小矮人环游世界的照片，大概是因为洗手间太小了，怕客人等得太无聊而让客人解闷用的吧！每一张桌子上的纸垫都有着可爱的图样，有的是蒙马特这一区的相关介绍，有的是艾美丽，还有一些甜美动人的句子，总让人看得入神。

　　我一边吃着焦糖布丁（crème brûlée），一边开始怀疑，店里是不是有顽皮的艾美丽乔装成客人，正像她在电影里一样偷偷地瞧着我们呢！

地址：15 rue Lepic 75018 Paris

开放时间：每天开放 07:00—02:00

地铁：Line 2 布兰其站（Blanche）

Spree

这是一间画廊 & 精品服饰复合店（Gallery-Boutique），静静地隐藏在众多纪念品专卖店及蒙马特一带收费替人画肖像的摊位中间，看起来好像只是select shop——精选风格独特的设计服饰及珠宝饰品的复合店，例如：Comme des Garçons、A.P.C.、Marc Jacobs、Tsumori Chisato等品牌。其实这间店的某些巧妙安排隐约强调着这儿也是展示艺术品的画廊。除了服饰、家具之外也卖艺术品，以及让人欣赏艺术作品。店面的橱窗即是艺术品的展示空间，店里的陈设简单开放，很适合人躲开外面那拥挤的观光人潮，到这里喘一口气。

地址：16 rue de la Vieuville 75018 Paris

开放时间：周一—周六 11:00—20:00

地铁：Line 12 阿贝斯站（Abbesses）

Chinemachine

在这间店，眼尖的人才可以找到好东西喔！

许多在巴黎的复古精品店都会把自己店里的风格定义得很清楚，有些店以专卖名牌复古精品出名，有些店则偏重二手服饰，依各自的经营理念而异。Chinemachine虽不把自己定义为名牌精品店，但是店里的东西名牌与非名牌参半，全混在一起，对于Hermès的丝巾和Yves Saint Laurent的鞋子等名牌货，他们并没有安排特定的展示区来摆放。店里从衣服、鞋子、帽子及复古饰品，连同唱片、书籍和其他旧货全都放在一起，因不特别重视特定的货品，而呈现一种indie（即independent，独立）的非主流时尚风格。店里每一件的东西都一样重要，我认为这正是这间店的魅力所在。

地址：100 rue des Martyrs & 22 rue la Vieuville, Paris

开放时间：每天开店 12:00—20:00

地铁：Line 12 阿贝斯站 (Abbesses)

1962

　　我不知道1962这个数字是不是对这间概念店的老板有特殊意义，还是带给老板许多好运的幸运数字，可以确认的是，应该是老板所需年代的设计及风格。我们可以从1962精选的物品中注意到，店里的服饰、家饰品和家具全都强调复古风格，走当代Retro复古路线。我最喜欢这家店的地方就是他有我最喜爱的品牌Orla Kiely全系列的商品，还有Marimekko、Olive & Orange及Dr.Marten's的系列产品，可和漂亮的复古印花洋装完美搭配。1962的店面布置得非常可爱，好像一间迷你的更衣室，让人进去以后就不太想出来了。

地址：4 rue Tholozé 75018 Paris

开放时间：周二—周六 10:30 —19:30

地铁：Line 2 布兰其站 (Blanche)

Lulu & Brindille

　　我实在不太确定这些有着白点小红蘑菇图案的儿童用品,到底是诱惑了小朋友还是妈妈们的心。

　　当你看到那悬挂着盘绕在一块儿的小红蘑菇风铃,与盒面上画着住在小森林里的蘑菇家庭的铁盒时,就知道为什么我会一看到这家店就马上飞奔进去了。

　　对着这个角落和小蘑菇们在心里大声尖叫一番以后,我往店里偷偷瞄了一圈,才发现里头有一张工作桌,老板海伦・蕾芙纽(Hélène Lavenu)正在桌前忙着,她对着我微笑,而且让我随兴自在地拍照。那张桌子上有一台缝纫机,还堆满了缝纫材料,看起来活像是一座小型缝纫工厂,加上老板缝制好的成品,整个乱成一团,给人很亲切的感觉。

　　Hélène Lavenu女士原本把自己的设计和儿童用品放在网站上卖,后来客户越来越多,不但有日本的也有美国的,因此也开始出口到国外的许多店家贩卖,直到2010年才有机会开了这家Lulu & Brindille的第一家店。店里全都是婴儿服装,从0岁到3岁都有,有男装也有女装,摸起来好柔软,色调也非常柔和可爱,商品走淡粉灰色系,非常符合时尚爸妈们的口味。我也很喜欢其他的布制儿童用品,像是小枕头和超迷你的小抱枕,看了都好想自己拿来躺一躺、抱一抱。

187

地址：33 rue Véron 75018 Paris

开放时间：周二—周六 10:30—19:30 及 周日 15:00—19:00

地铁：Line 2 布兰其站(Blanche) 及 Line 12 阿贝斯站(Abbesses)

如果勤快一点再走一段路，就可以到Le Bal这间画廊，这儿展示了世界各地摄影师的作品，真想不到这一带会有这样一间小画廊，而且人气很旺。Le Bal着重于展示摄影作品、短片及新媒体，也销售许多图文书，以及作家自己制作的手作书。咖啡厅里有许多兴趣相投的同好围坐在一起长谈，往外头望过去，对面有一座小公园，我们可以在这里稍作休息、看看展览，然后继续往毕加尔区(Pigalle)附近去游荡游荡。

地址：6 Impasse de la Défense 75018 Paris

开放时间：周三、周五及周六 12:00—20:00，周四 22:00 关，周日 19:00 关

地铁：Line 2、13 克利西广场站(Place de Clichy)

Pigalle 毕加勒区

蒙马特除了是第18区著名的艺文区和历史古迹区，还以另一种与这两样完全相反的文化而闻名，这里的毕加勒区也是我们所谓的红灯区。

在这之前，我从来不知道毕加勒区在巴黎有这样的形象，只是在一本杂志上看到所介绍的店还挺可爱的，就随手把地址和地图记下来了。心里计划着哪一天如果来蒙马特这一带，就要亲自去感受一下那家店的魅力，所以，逛1962时就向两位售货小姐打听一下路线。没想到那两位小姐却一脸尴尬，最后才吞吞吐吐地说："……我想你还是别去那一带吧！因为……"她们把我搞糊涂了，到底为什么不该去？还是她们支支吾吾是因为不知道该怎么用英文说明？我追问原因，于是她们又结结巴巴地解释说："就是那个……呃……因为

那里都是那种男生爱去的店,女生不会去那种地方,而且你一个人来,一个女孩子单独走到那一带……嗯……实在不怎么安全哩!"

哇!毕加勒区搞得我也开始"呃……啊……"起来了。

我带着这个疑惑去问我的朋友,到底为什么那一区不适合女孩子单独一个人去呢?最后,我终于明白了,原来那一带以sex shop、夜总会、上空秀酒吧这些店而闻名。其中最有名的地标就是红磨坊(Moulin Rouge),有游客为了要进去看世界顶级的夜总会表演而大排长龙。

毕加勒区虽然因sex shop而声名大噪,我却发现在这一区的殉道者街(Rue des Martyrs)及亨利莫尼耶街(Rue Henri Monnier)两条小巷里,隐藏着一般人看不到的温柔和可爱,只是当我要告诉别人说,毕加勒区是整个巴黎我最喜爱的一区时,总有点不好意思。走到这两条小巷时,好像被某种完全特别的东西围绕着,让人忘记这儿是那种令人提到时会很害羞的地方。

Rue Henri Monnier

亨利莫尼耶街

这条小小的街道位于第9区，正好与毕加勒广场(Place Pigalle)相接，里面有好几家小店和老咖啡厅，这条街的气氛极佳，从早到晚都值得进去逛逛或到咖啡厅坐坐。

让我从Le Petrin Medieval这家位于转角第一间的知名烘焙店开始说起，这间店很醒目，因为店面的陈列区悬挂着一台好大的古董脚踏车，以采用传统烘焙方法烤面包而闻名，不注重糕点装饰是否高贵精致，讲究的是滋味绝佳的原味，她也为隔壁巷的嘻哈风咖啡厅Rose Barkery烘制面包。

继续走下去会看到一家门面挺吸引人的意大利餐厅Chauvoncourt，除了餐点非常有名之外，店里还运用墙壁来做陈列，交替展示不同艺术家的摄影作品。

快到街道的尽头处，有一家在2010年10月才刚开张不久的复古服饰店，但已俨然成为众多时尚达人的最爱，其中包括*Vogue Paris*新潮前卫的总编辑伊曼纽尔·奥特(Emmanuelle Alt)。

Célia Darling是一家极度明亮的复古店（因为店面洁白又光亮），商品陈列有条不紊且容易选取，店里把名牌的复古精品和一无名却时髦有格调的衣服和鞋子混搭在一块儿。

再过去一点是设计师Vanina Escoubet的店，衣服的风格让人以为是日本设计师的作品，饰品设计也很可爱，有星星、红心的图样，样式简单，色调甜美可人。

亨利莫尼耶街(Rue Henri Monnier)这条街走到尽头，不管是在街的哪一头开始走，都有两条巷子可通到殉道者街(Rue des Martyrs)。如果是走克劳泽尔街(Rue Clauzel)这条巷子的话，可看到一家店面漆成鲜橘红色的古董店Vizzavona，大门是别致的动态字体艺术(typography)铁门，里头有可爱瓷杯

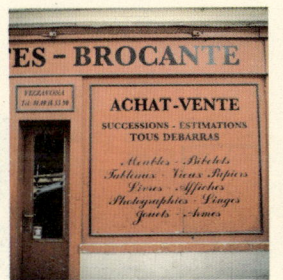

和瓷盘、篮子、地球仪、玻璃杯、玻璃瓶及花瓶等，满满地放在陈列架上，多到我心里毛毛的，怕一不小心碰到就会把东西打破。

如果走另一条那瓦林街(Rue Navarin)的话，绝对不要错过爱慕酒店(Hôtel Amour)。我不清楚饭店的住宿质量，只知道它的每一个房间都经过设计师特别设计，而且设计都没有重复，对于喜欢另类风格的游客算是最值得去住的饭店之一，服务则和其他饭店一般。至于饭店内咖啡厅的餐点，保证令人满意。一走进饭店就可以看到这个从早餐一直营业到宵夜时间的咖啡厅，不管是吃早餐或午餐，这里都是很棒的选择。如果喜欢在室内用餐的话，里边的布置就像70年代的小酒馆(bistro)；如果坐室外，外面全都是绿树，墙壁和围墙上爬满的常春藤形成了绿荫，和红色椅子成了对比，看起来很别致。

除了气氛绝佳及食物美味之外，店里的客人也使这儿更让人觉得值得光顾。周末会有活力洋溢的年轻爸妈带着小朋友坐满了咖啡厅，要不然就是打扮入时的同伴们、艺术家情人们，果真是名副其实的Hôtel Amour。

Le Petrin Medieval: 31 rue Henri Monnier 75009 Paris
Chauvoncourt: 22 rue Henri Monnier 75009 Paris
Célia Darling: 5 rue Henri Monnier 75009 Paris
Vanina Escoubet : 1 rue Henri Monnier 75009 Paris

地铁：Line 2, 12 毕加勒站(Pigalle) 及 Line 12 圣乔治站(Saint-Georges)

192

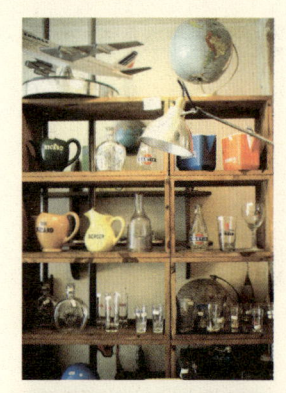

好热闹

Rue des Martyrs
殉道者街

这条街比亨利莫尼耶街(Rue Henri Monnier)热闹一点,有好吃好玩及可爱的商家,与前一条相比一点都不逊色喔!

从Quincaillerie Droguerie Saint Georges这家店开始说吧!这是一家巴黎式的家庭用品杂货店,类似这样的店有很多也很多样化,我非常喜欢逛这家店,因为里边几乎所有你想得到的家用品全都有,就好像是小型的HomePro,有DIY工具与器材、厨房用品、浴室用品,以及各式各样家庭用的器具及材料。

悠闲地沿街逛下去,会看到有好多家餐厅和烘焙店,有地中海风格的餐厅、香料调味品专卖店及面包店,有些店可让你试吃,直到你满意为止。如果你还是没有目标的话,我推荐你到Rose Bakery。如果没注意到门牌号码,可能就会走过头,因为他的门面简单,静静地隐身在其他几家店之间,如果留意看到第46号的门牌号码,就可看到落地窗式的玻璃门面,对啦!这就是Rose Bakery的本部了。

一到这家店就觉得似曾相识,好像在哪儿见过的样子。在我看到红色的logo之后才想到,原来只要有Comme des Garçons的地方就有Rose Bakery藏在里头。从伦敦Dover Street Market顶楼的Comme des Garçons,到日本Marunouchi分店,在韩国也是。Rose Bakery的每一家分店装潢都不同,这家在巴黎的本店是由一位英国女士Rose Carranini及她的法国老公创立的,是独立营业,没有和Comme des Garçons合作。

这间Rose Bakery和我曾去过的几家分店在装潢上有很大的不同,其他分店几乎都设在漂亮的大楼里,店内的摆设简约高雅,多走时尚雅致的咖啡厅路线。我比较喜欢这家本店的气氛,给人亲切的家居感,入口处还兼卖蔬菜和水果。至于餐点的部分,不论哪一家分店都很出色,有为注重健康的女士而准备的美味有机蔬菜色拉,有每天新鲜现烤的司康(scone)和点心,午餐和brunch的菜单丰富,如果在用餐时间去得晚一点,有可能就要稍微排一下队了。

这一带的店大部分在周日和周一都关店,而且开店时间大多是从中午12点半开始,关店时间约在晚上7点钟。至于餐厅和咖啡厅大概每天都开业,早上就开门且较晚打烊,有点随老板高兴的感觉。

毕加勒区这一带除了色情之外,也隐约地释放着浪漫纯情。浪漫派生活博物馆(Musée de la Vie Romantique)这个不大的艺术馆,是一栋古老的两层楼房子,展示浪漫主义运动时代根据浪漫主义学说(romanticism)而创作的艺术作品。这座艺术馆的主人是阿雷·谢弗尔(Ary Scheffer),而这栋建筑则是早在1830年即已建成。除了艺术馆里展示的画作、雕塑及其他艺术品之外,我想那罗曼蒂克的气氛还来自艺术馆的花园,以及种在艺术馆四周的花朵,一进门就看得到的美丽玫瑰,不难让人马上就浪漫了起来。

让人觉得奇怪的是,怎么会有个浪漫主义艺术馆设在这一区,但也许这就在暗示我们,有时候爱情和情色似乎很难分得清楚啊!

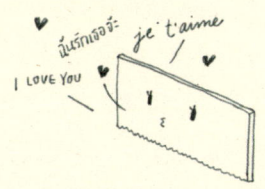

地址:16 rue Chaptal 75009 Paris

开放时间:周二—周日 10:00—18:00

地铁:Line 2,12 毕加勒站(Pigalle)及 Line 12 至乔治站(Saint-Georges)

195

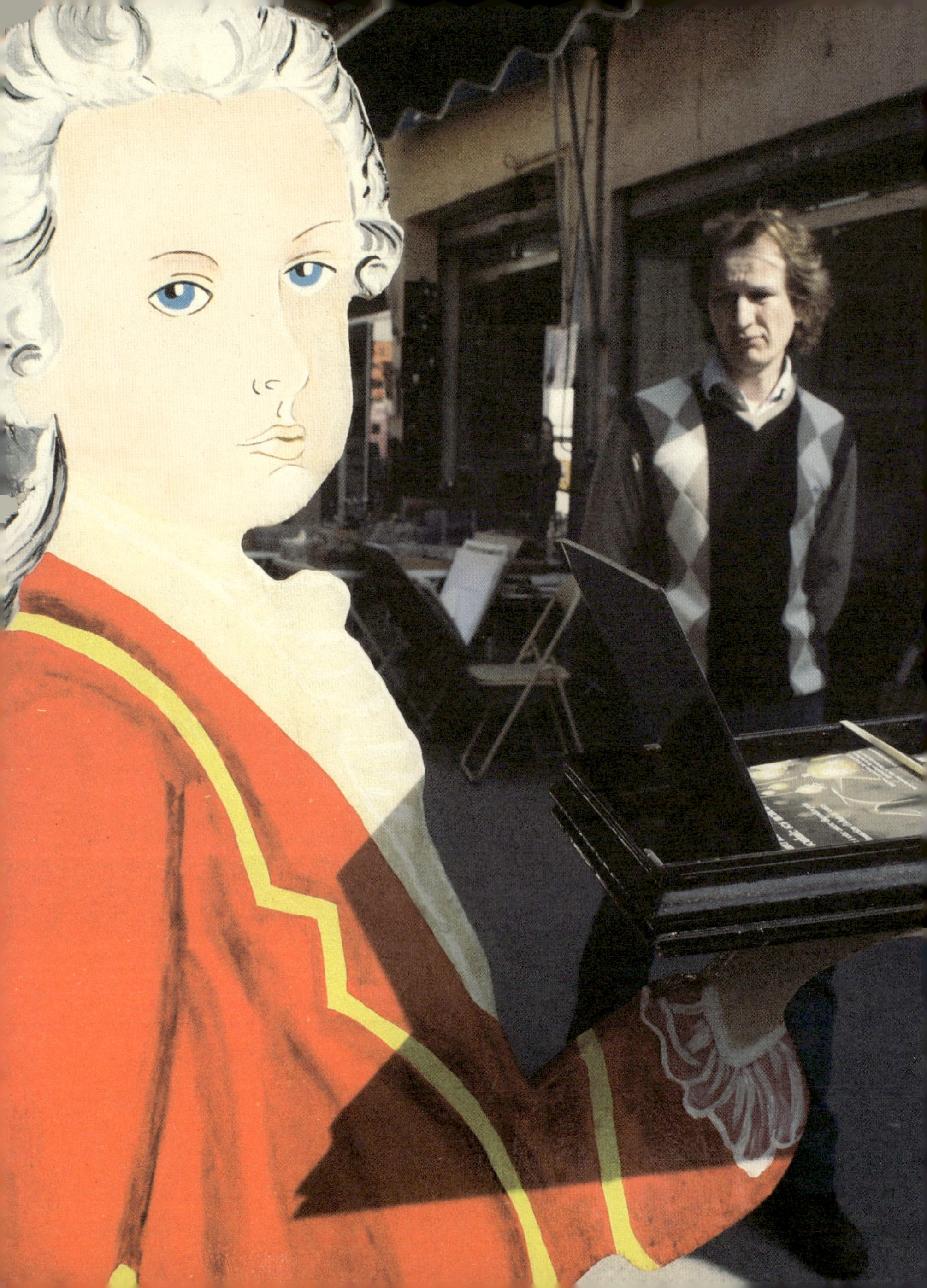

Puces de Clignancourt
城北的跳蚤市场

二手族尖叫吧！欢迎来到世上最大的跳蚤市场！

clignancourt

198

Marché aux Puces de St-Ouen Clignancourt

圣图安跳蚤市场

它是世上最大的跳蚤市场，你相信吗？

一想到跳蚤市场，我心里那只复古的小精灵就开始躁动。特别是在出发前读到了世上最大的跳蚤市场的消息之后，就马上把心里的古董空间扩到最大，大到可媲比圣图安跳蚤市场(Marché aux Puces de St-Ouen)的巨大规模。

所有过去造访过的跳蚤市场留给我的印象，全被这个市场给抹除得一干二净。这个跳蚤市场也是巴黎人所熟知的，不只因为它结合了13个市场的大场面让我印象深刻，当我搭上4号线地铁，离开巴黎市区前往克里古浓站(Porte de Clignancourt)时，市场周遭那截然不同的气氛也给我很大的冲击。

像我这样一个爱逛市场，不管是菜市场、地摊、夜市或跳蚤市场一概勇往直前的泰国小女子，在搭上4号线地铁，发现旁边的男女乘客皮肤全比自己还黑个90%时，心脏也少不了加快了一点，而他们洪亮的交谈声，也让人觉得有一点点可怕。一走出地铁站，整个是人潮熙攘的景象，巴黎那优美的样子稍微转换成市郊的黑人区，如果要马上联想出景象来的话，可以想象那里的气氛好像泰国的JJ假日市集[1]加上蓝甘杏大学[1]前的路边摊一样。

有人边走边叫卖皮包、眼镜、帽子，一味地要把东西塞给我们，有卖皮衣、皮靴、运动衣及好多其他的东西，但好像全都和我想要的相反，当我开始怀疑是不是自己走错地方的时候，正好看到了游览地图告示牌，我高兴得差点就跑过去拥抱那个牌子了。

[1]JJ假日市集：札都甲周末市集(Jatujak weekend market)的暱称，由泰国政府规划，占地约33000坪（约15个标准足球场），分27个区域，共有15000家商店，号称是世界最大的周末市集之一。

照着叙述式告示牌的指示走,我才发现这世上最大的跳蚤市场确实存在,只要穿过那很像蓝甘杏大学前路边摊的区域后,就可看到复古的二手货市场。在这儿可看到我们所熟悉的东西,包括路易斯椅、相框、皮包、蕾丝、书籍和洋娃娃的头!这里有大型市场也有小型的,其中我最喜爱的是Marché Vernaison这个卖复古家具及各式收藏品的市场,有一些稀奇古怪的古董和装饰品,还有一些蕾丝布料,让人能痛快地翻翻找找。我还发现一家复古娃娃组合器材店,叫作Tombées du camion,这家店有点令人毛骨悚然,因为店里全是光秃秃的洋娃娃头,还有手啊脚啊的,全都是给客人自己组装洋娃娃用的,还有一篮一篮的眼珠喔!(鸡皮疙瘩掉满地了……)隔壁就是Marché Antica,也是卖复古家具的,有水晶吊灯、装饰灯具等让人看得眼花缭乱。至于Marché Dauphine,则有好几家品味不错的复古风服饰店,卖着皮包、箱子、鞋子、洋装、项链、漂亮耳环等商品,每家店的陈设也让人忍不住想进去看看。Marché Paul Bert则以家具及服饰为主,有Les Merveille de Babelou这家,在这个市场有2个分店,东西还算平价。

市场里的气氛和从地铁站克里古浓站走到市场那一段路的气氛简直是天壤之别。就好像是阴阳魔界般,非得走进里面,才能寻觅到藏在内部的美,有些建筑的角落布满了爬藤和花朵,更制造出一种梦幻式的神话感。

我的心时而扑通作响,时而整个静止,让我不确定这到底是因为害怕,还是我正掉入爱的旋涡里呢!

201

来这一区要特别小心你的钱包和手提包，因为这一区鱼龙混杂，歹徒也相对较多，和一般市场流行的一样，不要逛得太出神了，把包包夹得紧紧的最安全。

如果不想碰到人多得水泄不通让你头晕走不动的情况，建议在中午以前来逛较为自在，还可悠闲地一边拍照一边逛。

女生最好邀男性亲友一起来比较妥当，要不然就一群人一起来，会比一个人单独来安全一点。

开放时间：周六、周日和周一 7:30—18:00

地铁：Line 4 克里古涨站(Porte de Clignancourt)和Line 13 圣图安站(Porte de Saint-Ouen)

203

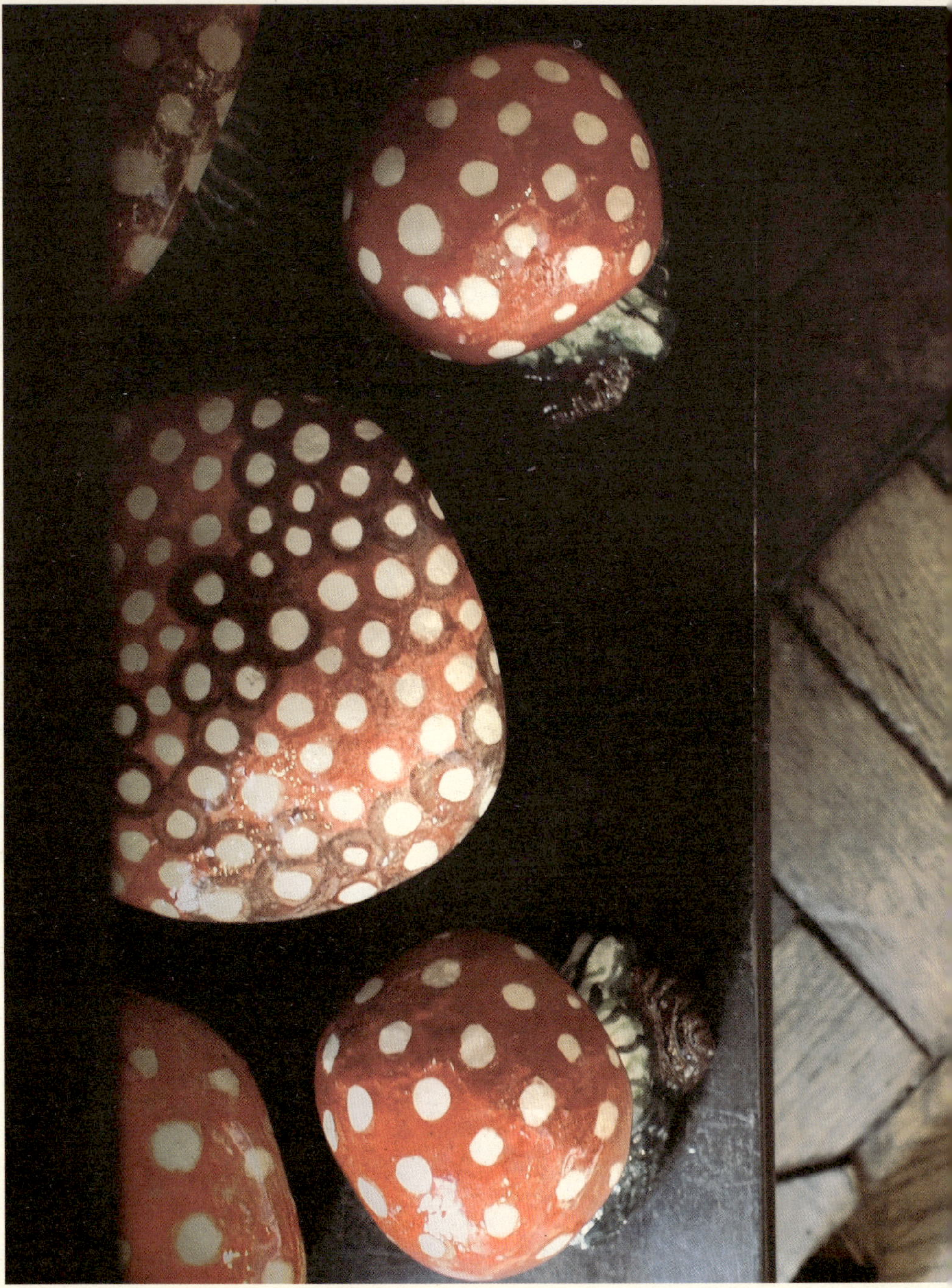

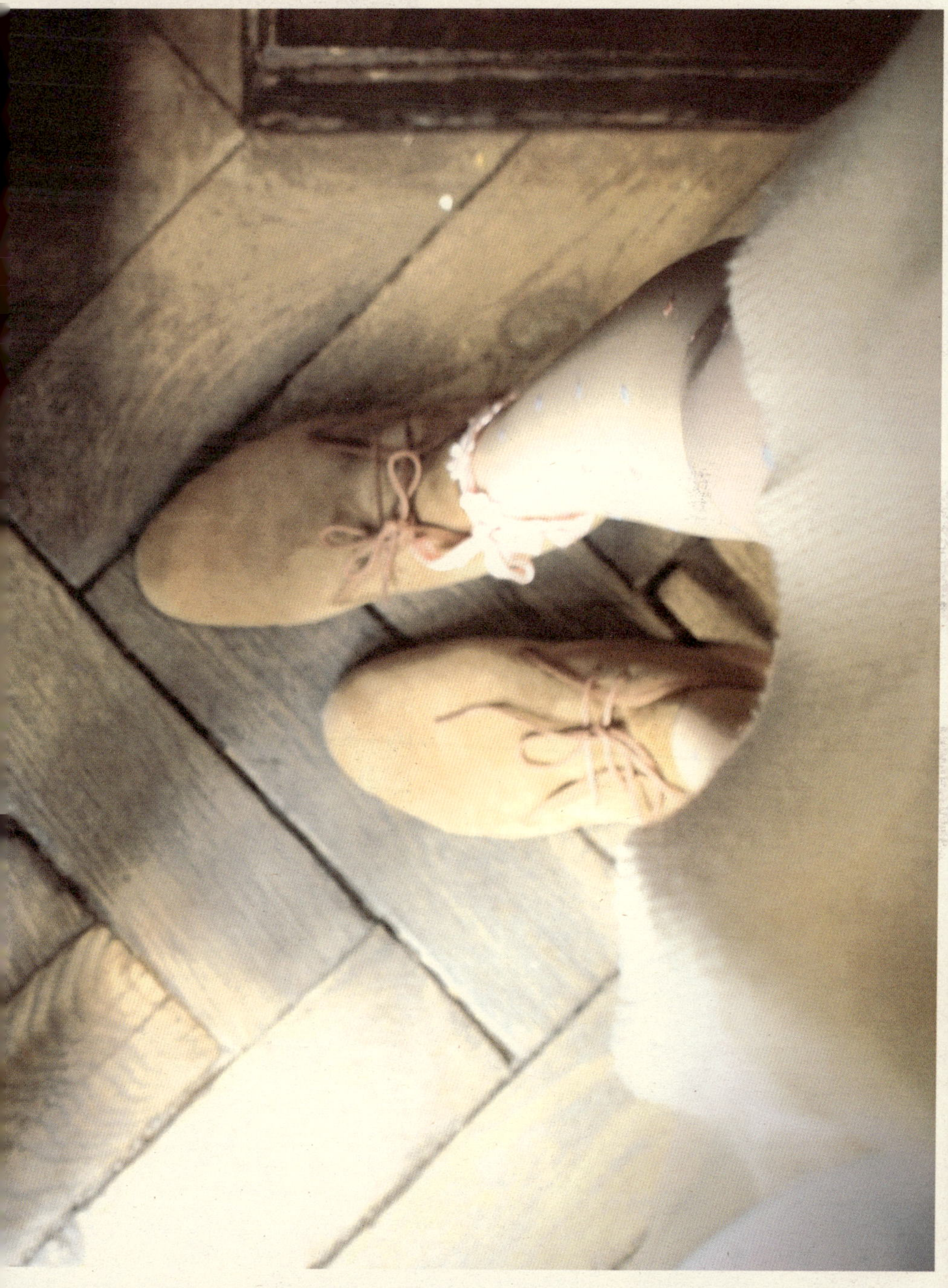

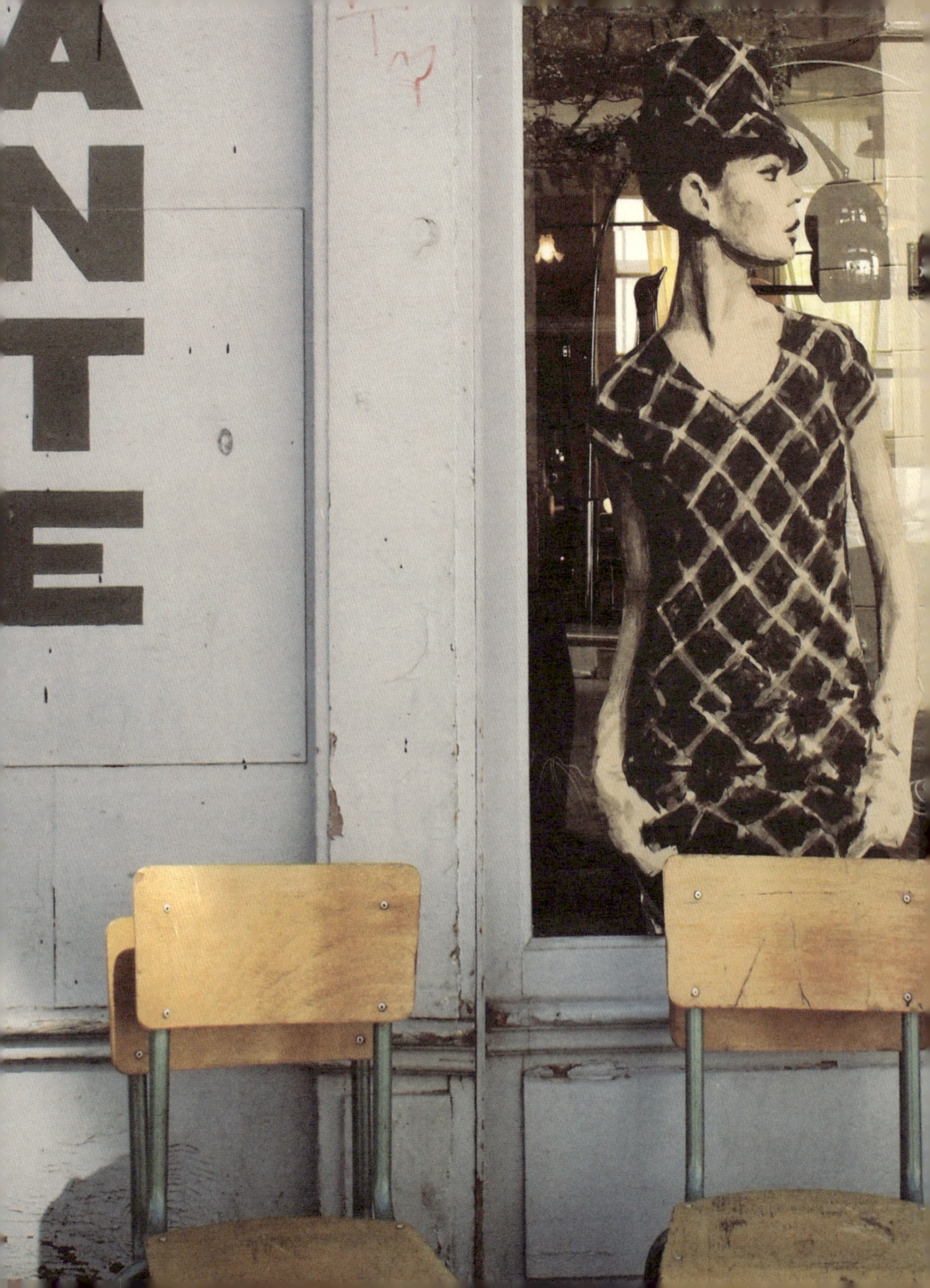
ANTE

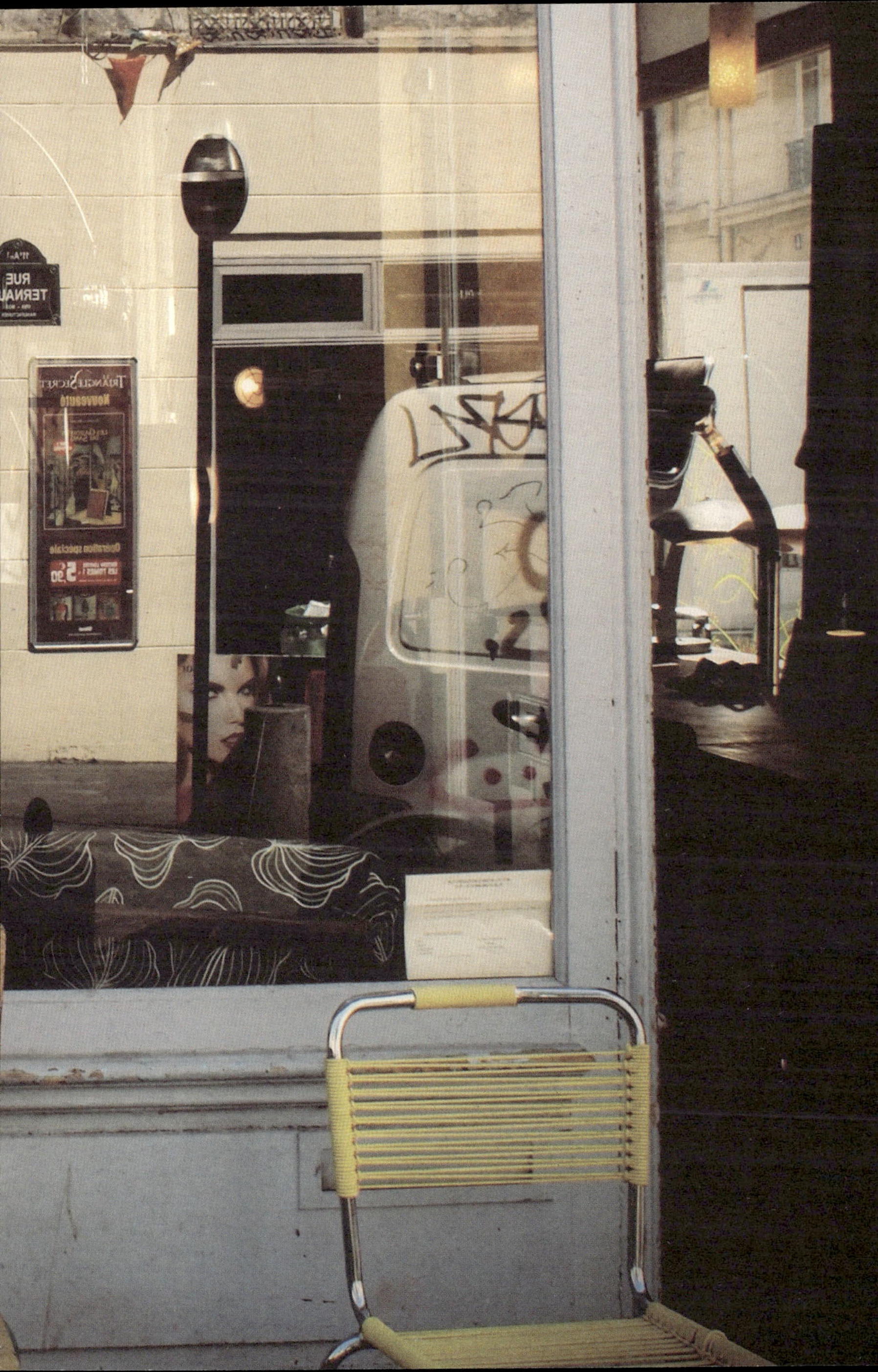
RUE

208

ME
DE NE PA
AUX P

mier   Noisettine

RCI
TOUCHER
RODUITS

Briochette

nature